बच्चे कैसे हों

मायाराम पतंग

प्रतिभा प्रतिष्ठान, नई दिल्ली

प्रकाशक : प्रतिभा प्रतिष्ठान,

694-बी (निकट अजय मार्केट), चावड़ी बाजार, दिल्ली-110006

सर्वाधिकार : सुरक्षित / संस्करण : 2022 / मूल्य : दो सौ पचास रुपए

मुद्रक : नरुला प्रिंटर्स, दिल्ली ISBN 978-93-86001-24-5

BACHCHE KAISE HON

by Mayaram 'Patang' ₹ 250.00

Published by **PRATIBHA PRATISHTHAN**

694-B (Near Ajay Market), Chawri Bazar, Delhi-110006

पुस्तक के संबंध में

बच्चों को आजकल भारतीयता के संस्कार मिल ही नहीं रहे। घर में, विद्यालयों में तथा वातावरण में, सब ओर पाश्चात्य संस्कारों की ही बहुलता दिखाई देती है। यहाँ तक कि बाल-साहित्य के नाम पर भी कॉमिक्स और जासूसी साहित्य ही फल-फूल रहा है।

प्रस्तुत पुस्तक में यही बताया गया है कि सीखनेवाले बालकों एवं बालिकाओं से हम क्या अपेक्षा करते हैं? उन्हें कैसा व्यवहार सीखना और करना चाहिए? अपेक्षित संस्कार कैसे डाले जा सकते हैं? यह तो विस्तृत विषय है। आगामी अनेक पुस्तकें संभवत: इसका उत्तर दे पाएँ या न भी दे पाएँ।

यह पुस्तक बच्चों के स्तर को ध्यान में रखकर सरल भाषा में लिखी गई है। बच्चे इसे पढ़कर स्वयं सहज ही समझ सकते हैं कि उन्हें कैसा व्यवहार करना चाहिए? बड़ों के लिए, विशेषकर माता-पिता के लिए भी यह उपयोगी है। अनेक बार बालकों में बुरी आदतें बड़े व्यक्ति ही विकसित करते हैं। यदि बड़े अपने व्यवहार में सावधानी बरतें तथा इस बात का ध्यान रखें कि कहीं उनके कारण तो बच्चों को गलत दिशा का संकेत नहीं मिल रहा तो प्रारंभ से ही बच्चों का विकास ठीक दिशा में हो सकता है।

जब आदत पनपती है तो हम ध्यान नहीं देते, जब पड़ जाती है तो परेशान होते हैं, फिर छूटती नहीं। यदि बच्चों के गुणों का विकास हम

स्वयं करवाएँ तो प्रयासों का सकारात्मक परिणाम अवश्य मिलेगा।

अंत में बच्चों के अभिभावकों से तथा अनुभवी अध्यापकों से निवेदन करता हूँ कि बालकों के चरित्र के विकास से संबंधित कोई उदाहरण, अनुभव, कथा-कहानी ध्यान में आए तो लिखित में प्रेषित करके कृतार्थ करें। धन्यवाद।

—मायाराम पतंग

अनुक्रमणिका

बच्चों के नाम

"चिंटू, चिंटू !" रिंकू बाहर से आवाज लगा रहा था। चिंटू ने जवाब नहीं दिया, धीरे से निकलकर छज्जे पर आ गया। हाथ हिलाकर बोला, "अभी मैं नहीं आ रहा। मुझे बाहर जाना है। मैं मिंकू के हाथ बैट भेज रहा हूँ।" चिंटू भीतर चला गया और मिंकू बैट लेकर नीचे उतर आया। अब रिंकू और मिंकू दोनों ने विक्की के घर जाकर आवाजें दीं। विक्की और गौरी दोनों चुपचाप निकलकर बाहर आ गए । उनकी दोनों बहनें—चिंकी और पिंकी घर में ही थीं। पिंकी ने मम्मी को शिकायत लगाते हुए कहा, "देखो मम्मी, ये विक्की, गौरी दोनों खेलने निकल पड़े। इन्होंने अभी तक स्कूल का काम नहीं किया।"

चिंकी चिल्लाई, "तूने कौन सा कर लिया है? जब देखो, शिकायत करती रहती है। चुगलखोर कहीं की!"

पिंकी शिकायत करते-करते स्वयं बाहर आ गई थी। वह लौटकर अपने घर नहीं गई। सामनेवालों के घर चली गई। पिंकी है तो छोटी सी, परंतु पड़ोस के सभी घरों की पूरी खबर रखती है। किसके घर कौन आया, कौन गया, गली में क्या हो गया, किसकी लड़ाई किससे हो गई, पिंकी को सब खबर रहती है।

सामनेवालों के घर से लौटकर पिंकी ने खबर दी, "मम्मी! रचना दीदी की बुआजी आई हुई हैं। उन्होंने साधुओं जैसे कपड़े पहने हुए हैं। सब उनके पास बैठे हैं। चलो, आप भी मिलकर आओ।"

मम्मी ब्लाउज में तुरपाई कर रही थीं। खाली बैठना उनका स्वभाव नहीं था। जब तक पूरी तरह शरीर जवाब न दे, काम में लगी रहती थीं। चिंकी बोली, ''चलो मम्मी, हम भी मिलकर आते हैं।'' मम्मी मिलने जाने के लिए खड़ी हो गईं। पड़ोस में ही तो जाना था, कोई साज-सिंगार तो करना नहीं था। दरवाजा बंद कर कुंडी लगाई और तीनों सामनेवाले घर में घुस गईं। पड़ोस में पायल की ताई वहाँ पहले ही आई हुई थीं। पायल की मम्मी भी थीं। गोलू उनकी गोद में था।

रचना ने सबको बुआजी का परिचय दिया। उनका धार्मिक परिचय दिया। इसके बाद बुआजी से एक-एक का परिचय कराना आरंभ किया, ''ये गोलू की मम्मी हैं। गोलू पायल का छोटा भाई है। ये गोलू की ताई हैं। इन्होंने पायल को ही अपनी बेटी मान रखा है। ये मिंकू और चिंटू की मम्मी हैं। ये टिंकू की मम्मी हैं। ये इनकी किराएदार हैं। इनके दो बच्चे हैं—मिंकू और टिंकू।'' बुआजी ने परिचय तो कर लिया, परंतु बच्चों के नाम सुनकर उन्हें बहुत आश्चर्य हुआ। उन्होंने पूछा, ''आपके बच्चों के नाम क्या-क्या हैं?''

चिंकी और पिंकी तो साथ ही थीं। दोनों को मम्मी ने आगे कर दिया और बताया कि 'दो लड़के हैं—विक्की और गौरी। यहीं बाहर खेल रहे हैं।' बुआजी ने पूछा, ''आपने इन बच्चों के नाम पंडित से रखवाए हैं क्या?'' पायल की ताई बोलीं, ''हम भी तो पंडित हैं, हमने खुद ही ये नाम रख लिये हैं।''

बुआजी बोलीं, ''पंडित का अर्थ है 'ज्ञानी'। पढ़े-लिखे ज्ञानी लोगों ने ऐसे नाम क्यों रख लिये, जिनका कोई अर्थ ही नहीं?''

गोलू की मम्मी बोलीं, ''बुआजी, नाम का कोई अर्थ भी होता है क्या? मेरा नाम भी बबली है और मेरी बहन का बेबी।''

बुआजी बोलीं, ''ये नाम हमारी संस्कृति के अनुसार नहीं हैं। हमें तो ग्यारहवें दिन पंचांग के अनुसार बालकों के नाम रखने चाहिए।''

रचना—''और नाम रखने से पूर्व घर में शुद्धि का हवन भी कराना

चाहिए। नामकरण संस्कार पर हवन और पूजन आदि कराकर नाम राशि के अनुसार ही रखना चाहिए।''

बबली—''हमारा नाम तो पंडित ने पत्रे से ही रखा, फिर उन्होंने ऐसा क्यों रख दिया? कोई-कोई पंडित तो पुराने जमाने के जैसा नाम रख देते हैं; जैसे भतेरी, रामफेर, मुँगेरीलाल।''

बुआजी बोलीं, ''पंडित तो केवल राशि बताते हैं। राशि में दिए गए अक्षरों से नाम तो हमें स्वयं ही रखना होता है।''

चिंकी बोली, ''मेरा नाम चिंकी है। मुझे इससे क्या हानि हो सकती है?''

बुआजी ने कहा, ''नाम पहचान के लिए होता है। पहचान गुण-दोष आदि लक्षणों के आधार पर होती है। जैसे किसी लड़की का नाम 'सीता' रखा जाए तो उसको किसी भी बुराई के मन में आने पर याद

आएगा कि उसे ऐसी बुराई से बचना चाहिए। वह अपराध करने का साहस सामान्यत: नहीं करेगी। किसीका नाम 'भीम' है तो वह अपने को बलवान् मानकर शत्रुओं से भयभीत होकर कभी नहीं रहेगा। 'हनुमान' नामवाले व्यक्ति कभी नास्तिक नहीं हो सकते।''

लता बोली, ''ये तो इतिहास के पात्रों की बातें हुईं। जब उनके नाम रखे गए होंगे तब भी क्या उन नामों का अर्थ था?''

बुआजी ने बताया, ''क्यों नहीं! सभी नामों का अर्थ है। हल के फल को 'सित' कहते हैं। सित से खोदते समय निकली तो 'सीता' कहलाई। 'सरोज' कमल को कहते हैं। 'पंकज' का अर्थ है, जो कीचड़ में जन्म लेता है—अर्थात् कमल। 'मनमोहन', जो सबका मन मोह लेता है। 'धनंजय', जिसने धन के स्वामी कुबेर को जीत लिया था। 'अजित', जो जीता न जा सके। 'पार्वती', जो पर्वत की पुत्री है। 'नीरा'—अर्थात् नदी, जिसमें नीर बहता है। 'सरिता' भी नदी को कहते हैं। ये तो मैंने कुछ उदाहरण दिए। हिंदी और संस्कृत में अनेक नाम ऐसे रखे जा सकते हैं जिनका बढ़िया अर्थ होता है।''

चिंकी बोली, ''बुआजी, मैंने पूछा था कि बिना अर्थवाले नामों से हानि क्या है?''

बुआजी ने बताया, ''हाँ, जिनके नाम बिना अर्थवाले होते हैं उनको नाम से कोई प्रेरणा नहीं मिलती। अपने व्यक्तित्व के प्रति कभी श्रद्धा-विश्वास का भाव नहीं होता। उनके चरित्र में दृढ़ता नहीं आती। उन्हें अपनी संस्कृति के प्रति श्रद्धा नहीं होती और न ही संस्कृति का अभिमान होता है। मानवीय सद्‍गुणों का उनमें प्राकृतिक विकास नहीं होता। अत: अच्छे सार्थक नामों को ही छोटा करके रखा जा सकता है। जैसे पद्‍मावती को पद्‍मा, सरस्वती को सरसी, रोहिताश्‍व को रोहित, कर्णवीर सिंह को करण, शरणपाल सिंह को शरण आदि।'' इसके बाद बुआजी ने सबको आशीर्वाद दिया और प्रसाद देकर विदा किया।

□

अभिवादन

राणाजी घर आए तो चौहान साहब ने दिनेश से कहा, ''बेटा, अंकल को नमस्ते करो।'' दिनेश संकोच से जरा पीछे हट गया। चौहान साहब ने बच्चे के हाथ पकड़कर जुड़वाने चाहे तो बच्चे ने अपने हाथ पीछे कर लिये। राणाजी को बुरा नहीं लगा। बोले, ''बच्चा है, थोड़ी देर में मूड ठीक हो जाएगा तो कर लेगा। छोड़िए भी।'' चौहान साहब को चुभ सा गया। उन्हें लगा कि राणाजी के बच्चे तो हमारे पाँव छूते हैं। उन्हें कभी कहना भी नहीं पड़ता। इधर हमारे बच्चे हैं कि कहने पर भी नमस्ते करने को तैयार नहीं। मन-ही-मन चौहान साहब खीज गए। राणाजी ने विनम्रतापूर्वक कहा, ''कोई बात नहीं। बच्चे तो अपनी मरजी के मालिक होते हैं। एक बार इनकार हो गया तो हो गया।'' अपनी झेंप उतारने के लिए चौहान साहब कुछ कहना चाहते थे, परंतु राणाजी की विनम्रता उनको और अधिक चुभ गई। अपमान का घूँट पीते हुए उन्होंने कहा, ''आखिर चौहानों के बालक हैं। आसानी से कैसे झुक जाएँगे। हमारे रक्त में ही अकड़ भरी हुई है।''

सच तो यही है कि माँ-बाप के गुण बच्चों में स्वाभाविक रूप से आते ही हैं। इसके साथ ही हमारे व्यवहार का भी उनपर अनजाने, अनचाहे प्रभाव पड़ता ही रहता है। चौहान साहब के उक्त वाक्य का बच्चे के मन पर विपरीत प्रभाव पड़ा। उसने इसे अपने कुल-खानदान की प्रशंसा ही समझा। उसे बाद में यह नहीं समझाया गया कि नमस्कार

क्यों करना चाहिए? न कभी पहले ही समझाया गया था। अचानक मिली आज्ञा का पालन यदि बालक ने नहीं किया तो उसका दोष नहीं माना जा सकता। बच्चा खेलने चला गया। राणाजी भी चौहान साहब के साथ गपशप में लग गए।

□

खेल के मैदान में आज कोई हो-हल्ला नहीं हो रहा था। सब बच्चे गोल बनाकर बैठे हुए थे। चौहान साहब का बालक भी उनमें जाकर बैठ गया।

बच्चों के बीच में एक वयोवृद्ध सज्जन बैठे हुए थे। सभी बच्चे बारी-बारी अपना नाम-कक्षा आदि बताकर परिचय दे रहे थे। अपनी बारी आने पर उन्होंने भी परिचय दिया। वे प्रचारक थे। उनका नाम था रामदत्तजी। हिंदी के अध्यापक थे। सेवानिवृत्त होकर अब वास्तविक

सेवा में लग गए थे। वे बच्चों में नैतिक शिक्षा का प्रचार किया करते थे। वास्तव में इस क्षेत्र में कार्य करने की भी बड़ी आवश्यकता है। यह समाज की सेवा का सबसे महत्त्वपूर्ण क्षेत्र है। इसमें तो जितने लोग लग जाएँ, कम हैं। सच तो यह है कि ऐसे लोग हैं ही कहाँ, जिनकी अपनी नैतिकता का सही विकास हुआ है। फिर इस पावन कार्य के लिए खाली समय किसके पास है। श्री रामदत्तजी जैसे अध्यापक धन्य हैं, जो ऐसे ईश्वरीय कार्य में संलग्न हैं। आज रामदत्तजी ने बालकों को समझाने के लिए जो विषय लिया, वह है 'अभिवादन'। चौहान साहब का सुपुत्र भी सब सुन रहा था। उसे लगा कि रामदत्तजी शायद उसे ही समझा रहे हैं। अत: उनकी बातें उसके मन को अत्यधिक प्रभावित कर गईं।

रामदत्तजी बोले, "शास्त्रों में कहा गया है कि जो बच्चे बड़ों को प्रणाम करते हैं उन्हें बहुत आशीर्वाद मिलता है।"

एक शैतान बच्चे ने तुरंत टोका, "आशीर्वाद से क्या फायदा है? आशीर्वाद से कोई धनी तो नहीं हो जाता।"

दूसरा बोला, "तो क्या बड़े लोग अपने पास रुपयों की थैली रखें, जो प्रणाम करे उसे दो रुपए पकड़ा दें?"

तीसरे ने बात आगे बढ़ाई, "दो रुपए का आता ही क्या है! दस रुपए का नोट होना चाहिए।"

रामदत्तजी ने यहीं से अपनी बात फिर सँभाल ली, "बिलकुल ठीक कहा आप लोगों ने। सचमुच महँगाई इतनी बढ़ गई है कि दस रुपए की भी चीज बहुत थोड़ी ही आएगी। इसलिए विद्वान् ऋषियों ने आशीर्वाद की पद्धति रखी। आशीर्वाद में जो दिया जाता है वह तो हजारों-लाखों रुपयों से भी नहीं खरीदा जा सकता।"

एक बोला, "वह क्या जी?"

रामदत्तजी ने बात आगे बढ़ाई, "हाँ जी, आशीर्वाद से चार चीजें बढ़ती हैं—आयु, विद्या, यश और बल। बताइए, क्या उनको रुपए से खरीदा जा सकता है?"

कई बच्चे एक साथ बोल पड़े, ''बिलकुल नहीं।''

रामदत्तजी ने कहा, ''जब बड़े लोग भीतर से, मन से प्रसन्न होते हैं तो ऐसे ही आशीर्वाद देते हैं—'जीते रहो' बेटा।''

''तुम्हारी आयु लंबी हो।''

''तुम सौ साल तक जिओ।''

''ईश्वर तुम्हें विद्वान् बनाए।''

''तुम्हारा यश दुनिया में फैले।''

''ईश्वर करे, तुम शक्तिमान बनो।''

''भगवान् तुम्हारा शरीर स्वस्थ रखे।''

एक बच्चे ने पुन: अड़चन डाली, ''क्या कहने भर से मिल जाता है। आशीर्वाद से कोई धनवान् भी कैसे बन सकता है?''

रामदत्तजी समझाने लगे, ''हाँ, सुनने से तो ऐसा ही लगता है। परंतु क्या आपने ऐसे लोग नहीं देखे, जो डॉक्टरों से लंबा इलाज कराकर थक गए तो मुनियों, तपस्वियों तथा गुरुओं के पास आशीर्वाद लेने गए और वे ठीक हो गए?''

एक बच्चा बोला, ''ऐसे उदाहरण तो अनेक सुने हैं। जो बड़े धनवान् हैं, पर उनके बच्चे नहीं हैं तो तीर्थों पर जाकर महात्माओं से संतान माँगते हैं। पीरों-फकीरों से आशीर्वाद माँगने जाते हैं।''

रामदत्तजी बोले, बच्चो, हमें यही तो सीखना और समझना है। यदि हम बचपन में ही यह स्वभाव बना लें कि सभी बड़ों को नमस्कार करें, सभी से आशीर्वाद प्राप्त करें तो ऐसी कमियाँ रहेंगी ही नहीं। जिन बड़ों का हम अभिवादन करते हैं, क्या पता उनमें से किसके द्वारा ईश्वर हमारा कल्याण कर दे। बहुत से आशीर्वादों से भी कल्याण होता है।''

कई बच्चे एक साथ बोले, ''तब तो हमें सभी बड़ों को सदा प्रणाम करना चाहिए।''

रामदत्तजी प्रसन्न होकर बोले, ''बिलकुल ठीक! परंतु यह भी समझने की बात है कि प्रणाम कैसे करें?''

कुछ बच्चे—"हाँ जी, यह तो अवश्य बताइए।"

रामदत्तजी—"कई बालक बड़ों को हँसते हुए मजाक के स्वभाव में ही नमस्ते करते हैं। वे जैसे प्रसन्न हों, संतुष्ट हों उसी प्रकार से उनको नमस्कार करना चाहिए। कभी-कभी बच्चे दूर से चिल्लाकर नमस्कार करते हैं। ऐसा करने से अपमान जैसा प्रतीत होता है। पहले तो गुरुजनों को दंडवत् प्रणाम किया जाता था।"

एक बच्चा—"दंडवत् का क्या मतलब?"

रामदत्तजी—"दंड का अर्थ है डंडा। दंडवत् अर्थात् डंडे के समान सीधे जमीन पर लेटकर प्रणाम करना। इसका मतलब था कि हम संपूर्ण तन समर्पित करके आपको प्रणाम कर रहे हैं। इसीको साष्टांग प्रणाम भी कहा जाता है। आठ अंगों को धरती पर स्पर्श करते हुए प्रणाम। ये आठ अंग हैं—मस्तक, छाती, दो घुटने, दो कोहनी, दो पैर।"

एक बालक बोला, "अब तो कोई इस तरह प्रणाम करे तो उसके कपड़ों की क्रीज ही खराब हो जाएगी। हर बार प्रणाम करके कपड़े बदलने पड़ेंगे तो बड़ी कठिनाई हो जाएगी।"

रामदत्तजी—"यदि झुककर चरण स्पर्श कर लिये जाएँ तो भी वही बात है।"

एक बालक ने शंका व्यक्त की, "झुकना तो ठीक है; किंतु चरण छूने से क्या होता है?"

रामदत्तजी बोले, "बहुत बढ़िया प्रश्न है। अब तो लोग जूते पहनते हैं। जूते पहने लोगों के चरण तो वैसे भी कहाँ छुए जा सकते हैं। जो महात्मा नंगे पाँव हों या खड़ाऊँ पहने हों, उन्हींके चरण स्पर्श किए जाते हैं। वास्तव में चरणों के अँगूठों से एक ऊर्जा वायुमंडल में प्रवेश करती है तथा हाथों की अँगुलियों से पुनः शरीर में प्रवेश करती है। यह चक्र चलता रहता है। महापुरुषों के चरण स्पर्श करने से उनके चरणों से निकलनेवाली ऊर्जा का कुछ भाग हमारी अँगुलियों के पोरुओं के माध्यम से हममें भी प्रवेश कर जाता है। इस प्रकार आशीर्वाद के साथ-साथ

महापुरुषों की ऊर्जा भी हमें मिल जाती है, जो हमारे जीवन को प्रभावित करती है।''

एक बालक ने उत्साहपूर्वक कहा, ''यह तो बहुत बढ़िया बात बताई आपने। महापुरुषों की ऊर्जा का अंश प्राप्त करते ही हम भी महान् होने लगेंगे।''

रामदत्तजी—''निश्चित ही महान् हो जाओगे। महान् पुरुषों के साथ रहने से साधारण व्यक्ति भी महान् हो जाते हैं। जैसे कमल के पत्ते पर पड़ी पानी की बूँद भी मोती के समान चमकदार होकर शोभित होती है। फिर जिनमें महात्माओं की ऊर्जा प्रवेश कर जाए, उनके महान् बनने में भला कैसा संदेह!''

कोई बालक बोल उठा, ''हाथ जोड़कर नमस्ते करने का क्या भाव है?''

दूसरे बालक ने कहा, ''क्या हाथ जोड़ने के साथ सिर भी झुकाना आवश्यक है?''

तीसरा बोला, ''इसमें क्या है? कहीं हाथ जोड़कर नमस्ते कर दो, कहीं सिर झुकाकर और कहीं दोनों क्रियाएँ साथ-साथ भी हो सकती हैं।''

रामदत्तजी बोले, ''दोनों क्रियाएँ साथ-साथ ही होनी चाहिए।''

एक बालक—''क्या इनका भी कोई अर्थ है?''

रामदत्तजी—''बिलकुल, इनका भी अर्थ है तथा वह अर्थ आप सबकी समझ में आना बहुत आवश्यक है।''

दूसरा बालक—''तो कृपया शीघ्र समझाइए। हम तो यही समझते थे कि यह मात्र रिवाज है। जैसे कई लोग माथे की ओर हाथ ले जाते हैं, कई हाथ हिलाते हैं।''

रामदत्तजी—''भारतीय संस्कृति में कुछ भी निरर्थक नहीं है, अवैज्ञानिक भी नहीं है। ऋषि-मुनियों ने सभी रीति-रिवाज, पद्धति-परंपराएँ बहुत गंभीरता से विचार करके शुरू की हैं। हो सकता है, अब

हमें उनका रहस्य स्मरण न रहा हो। परंतु ऐसे सभी कार्य साभिप्राय हैं। हाँ, तो मैं बता रहा था, दोनों हाथ जोड़कर प्रणाम करने का मतलब है कि हमारे दोनों हाथ आपकी आज्ञानुसार कार्य करेंगे। ये दोनों हाथ आपके हैं, किसी अन्य कार्य में लगे हुए नहीं हैं।''

एक बालक—''फिर सिर झुकाने का क्या अर्थ हुआ?''

रामदत्तजी—''बच्चो, सिर में बुद्धि रहती है। सिर झुकाने का अर्थ है कि हमारी बुद्धि आपके आगे विनम्रतापूर्वक समर्पित है। आप जो कुछ आदेश करेंगे, हमें स्वीकार होगा। हम उसका पालन करेंगे।''

एक बालक—''अच्छा, तो इसमें विनम्रता और आज्ञापालन दोनों बातें सम्मिलित हैं।''

दूसरा बालक—''एक हाथ से नमस्ते करने का अर्थ हुआ कि हमारा एक हाथ कार्य में लगा है, हम केवल एक ही हाथ से आपकी आज्ञा का पालन करेंगे।''

तीसरा बालक—''यदि केवल सिर झुकाते हैं तो अर्थ होगा कि हम आपकी बुद्धि के सामने विनम्रतापूर्वक झुकते तो हैं, परंतु आज्ञापालन नहीं करेंगे।''

चौथा बालक—''बात स्पष्ट हो गई कि गुरुजनों को, बुजुर्गों को सदा हाथ जोड़कर तथा सिर झुकाकर ही प्रणाम करना चाहिए।''

रामदत्तजी—''बिलकुल ठीक समझे आप। 'प्रणाम' शब्द का यही अर्थ है। यह 'नम्' धातु से बना है। नम् का अर्थ है झुकना। 'प्र' उपसर्ग विशेष का अर्थ देता है, अर्थात् विशेष रूप से झुकना अथवा अपनी विनम्रता प्रकट करना।''

एक बालक—''और नमस्ते का क्या अर्थ है?''

रामदत्तजी—''इसका अर्थ है—आपके सामने झुकता हूँ।''

दूसरा बालक—''अर्थात् मेरी बुद्धि आपके सामने विनम्रतापूर्वक समर्पित है।''

रामदत्तजी—''बिलकुल ठीक।''

तीसरा बालक—''अब तो बच्चे गुरुजनों को देखकर दूसरी ओर से रास्ता काट जाते हैं।''

रामदत्तजी—''वास्तव में गुरुजनों ने ही बच्चों को ऐसा सिखाया है। यदि ठीक प्रकार से बच्चों को सिखाया जाता है तो वे आज भी सीख लेते हैं। नवीनता और फैशन के कारण ही आज हम बड़ों को विनम्रतापूर्वक प्रणाम करना भूलते जा रहे हैं। हमें अपनी परंपरा का श्रद्धापूर्वक पालन करना चाहिए।

''बराबर के मित्रों से हम बिना झुके, हाथ जोड़कर नमस्ते कह सकते हैं। एक-दूसरे को नमस्ते बोलकर समानता का भाव प्रकट होता है। अपने से छोटे यदि प्रणाम करें तो सदा उनके प्रणाम का उचित उत्तर देना चाहिए। प्रणाम का उत्तर आशीर्वाद के रूप में भी दे सकते हैं तथा केवल हाथ के संकेत से भी। परंतु दोनों दशाओं में प्रणाम का उत्तर मुसकराहट के साथ देना चाहिए। जो बड़े होकर भी छोटों के प्रणाम का उत्तर प्रसन्नतापूर्वक नहीं देते, भगवान् उनको आशीर्वाद नहीं देते। उनमें अहंकार का भाव पनप जाता है। अहंकार को भगवान् नष्ट करते ही हैं।

''अतः बड़ों को विनम्रतापूर्वक प्रणाम करना चाहिए तथा छोटों के प्रणाम को मुसकराहट के साथ निरहंकार होकर स्वीकार करना चाहिए।''

□

बड़ों का मान-सम्मान

भारतीय सेना में कार्यरत सैनिक अधिकारी मनमोहन स्वरूप लेह (लद्दाख) से चंडीगढ़ वायुयान से आते थे। चंडीगढ़ अपने बड़े भाई साहब दयारामजी के घर पर ही ठहरते, फिर दिल्ली जाते। दिल्ली में उनका पूरा परिवार रहता था। एक बार चंडीगढ़ जाते समय वे अपने पुत्र पंकज को भी साथ ले गए। उसे चंडीगढ़ छोड़कर लेह चले गए। उनकी बदली देहरादून हो चुकी थी। अत: अंतिम बार सामान सहित वापस आना था। लौटकर आए तो पंकज भी अपने ताऊजी के परिवार के साथ हवाई अड्डे गया।

स्वागत-मिलन के पश्चात् सब घर आ गए। सब मिलकर शाम को खाना खाने बैठे। सभी को बड़ा आनंद आया। परंतु पंकज खाना खाते हुए सोचता ही रहा। रात की गाड़ी से ही उन्हें दिल्ली जाना था। दिल्ली की गाड़ी आधी रात को चंडीगढ़ से चलती थी। ताऊजी स्वयं गाड़ी पर हमें बिठाने आए। अगली प्रात: गाड़ी दिल्ली पहुँची। वहाँ दूसरे ताऊजी स्टेशन पर हमें लेने आए हुए थे। छोटे-बड़ों का स्वागत-प्रणाम हुआ। टैक्सी करके शाहदरा पहुँचे। वहाँ बुआजी, फूफाजी तथा ताईजी, दीदी, मम्मी सभी प्रेम से मिले। नाश्ता (अल्पाहार) करने बैठे। बड़े आनंद से सभी ने नाश्ता किया। पर पंकज गुमसुम ही रहा।

"पंकज, तुम कुछ उदास हो। कोई खास बात है क्या?" ताऊजी ने पूछा।

"कोई नहीं, ताऊजी, कोई बात नहीं।"

"अरे भई, कुछ बोलो, कुछ पूछो, मन की बात कहो। ऐसे दबे-दबे मत रहो।"

पंकज और शरमाकर चुप ही रह गया।

मनमोहन स्वरूप बोले, "बेटा, जो कोई बात है तो ताऊजी से पूछो। हमें भी कुछ पूछना होता है तो इन्हींसे पूछते हैं।"

पंकज सकुचाकर बोला, "कुछ बातें समझ में नहीं आतीं तो मन में उलझन सी हो जाती है।"

ताऊजी बोले, "मन में किसी प्रकार के प्रश्न उठें तो उनको बड़ों से अवश्य पूछ लेना चाहिए। फिर यहाँ तो अपना घर है। यहाँ नहीं पूछोगे तो भला कहाँ पूछ पाओगे! किससे पूछ पाओगे?"

पंकज बोला, "ताऊजी, जब हम कहीं आते-जाते हैं तो कौन किसको प्रणाम करता है? कौन किसके पाँव छूता है? इसका क्या नियम है?"

ताऊजी बोले, "मेरा बेटा इतनी गहराई से सोच रहा है, समझ रहा है तो मैं अवश्य बताऊँगा। सब बच्चे सुनें—जब भी कोई बाहर से आता है तो सभी को उसका स्वागत करना चाहिए। जब तुम्हारे पिताजी चंडीगढ़ हवाई अड्डे पर पहुँचे तो आप सबने उनका स्वागत किया था कि नहीं?"

पंकज—"हाँ ताऊजी, किया था। दूर से देखकर हाथ हिलाए थे। पास आने पर फूलों के गुलदस्ते भेंट किए थे।"

ताऊजी—"और तुम्हारे पिताजी ने बड़े ताऊजी के भी चरण छुए होंगे।"

पंकज—"हाँ जी, और ताईजी के भी चरण छुए थे।"

ताऊजी—"पद्मा दीदी ने नमस्ते की होगी और मनदीप भैया ने सूबेदार चाचा के चरण छुए होंगे।"

पंकज—"हाँ जी, ऐसा ही हुआ था।"

ताऊजी—"और लगभग ऐसा ही दिल्ली में हुआ?"

पंकज—"हाँ जी, यहाँ बुआजी-फूफाजी के चरण सभी ने छुए।"

ताऊजी—"तो बस आप समझ जाओ। हर छोटा मिलने पर बड़ों को प्रणाम करता है। प्रणाम चरण छूकर करें तो अधिक सम्मान प्रकट होता है। हाथ जोड़कर, सिर झुकाकर भी प्रणाम किया जा सकता है; परंतु चरण छूने में भी कोई खर्चा नहीं लगता। न ही हमारी इज्जत घटती है।"

पंकज—"छोटा भाई चरण छुए तो बड़ा क्या करे? कहीं पर हम भी तो बड़े होंगे। जैसे मोनू या मधुर मेरे चरण छुए तो मैं क्या करूँ? क्या बूढ़ों के समान आशीर्वाद दिया करूँ?"

ताऊजी—"बहुत अच्छी बात पूछी। जब दिल्ली स्टेशन पर तुम्हारे पिताजी ने झुककर मेरे चरण छुए तो मैंने क्या किया था, ध्यान करो।"

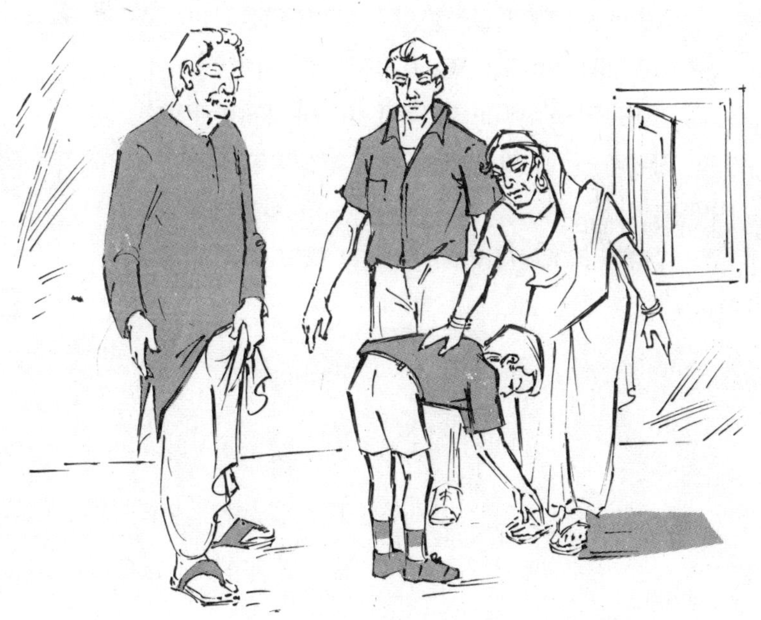

पंकज—"मैं तो देख नहीं पाया, ताऊजी।"

ताऊजी—"रामायण में तो देखा होगा—भरत दंडवत् प्रणाम करते हैं तो रामजी उन्हें उठाकर गले से लगा लेते हैं। बड़ों को चाहिए कि वे सम्मान के बदले में प्यार दें। छोटों को गले से लगाएँ, पीठ थपथपाएँ।

"अभिवादन छोटे करें और आशीर्वाद बड़े दें। फिर भी यथायोग्य अभिवादन करना तो छोटों का ही काम है। यह काम उनको पहले करना चाहिए। परिस्थिति चाहे आने की हो या जाने की, स्वागत की हो या विदाई की। शिष्टाचार की पद्धति के अनुसार छोटों के द्वारा ही बड़ों को प्रणाम किया जाना उचित है। समझ गए न?"

पंकज—"हाँ, ताऊजी, बिलकुल समझ गया। अब सदैव याद रखूँगा और बड़ों को प्रणाम किया करूँगा।"

ताऊजी—"फिर तो बड़ों का आशीर्वाद मिलेगा ही। फिर तुम्हारी आयु भी लंबी होगी। विद्या भी बढ़ेगी, यश और बल भी बढ़ेगा।"

पंकज—*(चरण छूते हुए)* "प्रणाम ताऊजी! *(पिताजी के चरण छूकर)* प्रणाम पिताजी! अब मैं पढ़ने जा रहा हूँ।"

मनमोहन—"बुआ-फूफाजी को भी प्रणाम करो।"

पंकज—"हाँ जी। *(चरण स्पर्श करते हुए)* बुआजी प्रणाम! फूफाजी प्रणाम!"

(दोनों आशीर्वाद देते हैं। पंकज पढ़ने चला जाता है।)

□

विनम्रता

अध्यापक महोदय ने एक बच्चे से पूछा, ''आज प्रार्थना के समय तुम उपस्थित क्यों नहीं हुए?''

छात्र ने कहा, ''सर, देर हो गई।''

अध्यापक—''यही तो पूछ रहा हूँ, देर क्यों हो गई?''

छात्र—''कह तो दिया जी, देर हो गई।''

अध्यापक—''कारण बताइए, देर क्यों हुई?''

छात्र—''कभी आपको भी तो देर हो जाती है, सर।''

अध्यापक—''बिलकुल हो जाती है; परंतु उसका कोई-न-कोई कारण होता है।''

छात्र—''मैं घर से ही देर से चला था।''

अध्यापक—''बैठिए। बच्चो, अभी आप सबने देखा कि महेंद्र ने मेरे प्रश्न का उत्तर किस प्रकार दिया। क्या ऐसा करना ठीक है?''

सब बच्चे—''जी नहीं।''

अध्यापक—''क्या गलती थी, कोई बताए।''

एक छात्र—''सर, इसने कारण ठीक से नहीं बताया।''

अध्यापक—''और।''

दूसरा छात्र—''सर, इसके कहने का तरीका ठीक नहीं था।''

अध्यापक—''ठीक, इस तरीके में क्या कमी थी?''

तीसरा छात्र—''सर, इसने उत्तर अकड़कर दिया था। बड़ों से

विनम्रतापूर्वक बात करनी चाहिए।''

अध्यापक—''ठीक बताया। प्यारे बच्चो, सभी से विनम्रतापूर्वक व्यवहार करना चाहिए। किसीसे भी अकड़कर व्यवहार नहीं करना चाहिए। चाहे वह अपने से छोटा ही हो।''

एक छात्र—''हाँ जी, सर, किसी अपरिचित से भी ऐसा व्यवहार नहीं करना चाहिए।''

अध्यापक—''बच्चो, विनम्रता के विषय में आप सभी को जानकारी है। इसको प्रकट करने के अवसर ध्यान में रखने चाहिए।''

एक छात्र—''इसका मतलब विनम्रता होना काफी नहीं है। उसे प्रकट करना भी आना चाहिए।''

अध्यापक—''बिलकुल। आप यदि विनम्र हैं तो बने रहिए। जब तक आप अपने भावों को भाषा या क्रिया से व्यक्त नहीं करते तब तक

विनम्रता का कोई अर्थ नहीं।''

दूसरा छात्र—''जैसे दूसरों से सम्मानपूर्वक बोलना चाहिए।''

तीसरा छात्र—''शब्दों में मिठास होनी चाहिए।''

चौथा छात्र—''यदि बड़े साथ चल रहे हों तो उनके आगे न चलकर हमें उनके पीछे-पीछे चलना चाहिए।''

अध्यापक—''पीछे तो चलना ही चाहिए, परंतु कहीं द्वार पर पहुँच जाएँ तो आगे बढ़कर द्वार खोलना चाहिए। यदि वे द्वार खोलने लगें तो कहना चाहिए, श्रीमानजी, आप क्यों कष्ट करते हैं? सेवा के लिए मुझे अवसर दीजिए। बड़ों की सेवा का अवसर भाग्यशालियों को ही प्राप्त होता है। इतना कहकर आगे बढ़कर स्वयं द्वार खोलना चाहिए।''

एक छात्र—''यदि द्वार बंद करना हो तो भी क्या हमको पहल करनी चाहिए?''

अध्यापक—''अवश्य। कमरे से बाहर निकलकर बड़ों से आग्रह करना चाहिए, लाइए, चाबी मुझे दीजिए। मैं हूँ न सेवा के लिए। आप कष्ट क्यों करते हैं? ऐसा कहते हुए आगे बढ़कर स्वयं द्वार बंद करना चाहिए।''

एक छात्र—''गुरुजी, बस या रेलगाड़ी में महिलाओं और बुजुर्गों को बैठने के लिए स्थान (सीट) देना भी तो विनम्रता ही है।''

दूसरा छात्र—''हाँ जी, परंतु यहाँ भी मिठास भरे शब्दों में अपनी बात कहनी चाहिए—आइए माताजी (या बहनजी), आप यहाँ बैठिए।''

तीसरा छात्र—''गुरुजी, कई लोग तो महिलाओं के लिए निश्चित सीटों पर बैठ जाते हैं और फिर महिलाओं के कहने पर भी नहीं उठते हैं।''

अध्यापक—''आरक्षित सीटों पर बैठना कोई अपराध नहीं है; परंतु जैसे ही कोई महिला पास आकर खड़ी हो, तुरंत खड़े हो जाना चाहिए।''

एक छात्र—''कई बड़े लोग तो कहने से भी नहीं उठते, बल्कि उलटे लड़ने लगते हैं।''

अध्यापक—"आपको विनम्रतापूर्वक कहने तक ही सीमित रहना चाहिए। न तो अशिष्ट भाषा का प्रयोग करना चाहिए और न ही लड़ना चाहिए।"

दूसरा छात्र—"जैसे, भाई साहब, इन बहनजी को सीट दे देंगे तो बड़ी कृपा होगी।"

अध्यापक—"एक बात और ध्यान में आई। कई बार कुछ लड़के एकजुट होकर जोर-जोर से बातें करते हैं। बीच-बीच में ठहाका लगाकर हँसते हैं।"

एक छात्र—"क्या ठहाका लगाकर हँसना भी बुरी बात है?"

अध्यापक—"कक्षा में जोर-जोर से बातें करना या ठहाका लगाकर हँसना सचमुच बुरी बात है।"

दूसरा छात्र—"और जहाँ बड़े लोग बैठे हों वहाँ पर ठठाकर कभी नहीं हँसना चाहिए। इसे अशिष्टता माना जाता है।"

तीसरा छात्र—"परंतु गुरुजी, आजकल अधिक विनम्रता दिखानेवाले व्यक्ति को लोग दब्बू समझते हैं।"

अध्यापक—"तुम्हारी बात ठीक है। परंतु विनम्रता और दीनता में अंतर होता है। विनम्रता और शिष्टता की भाषा का प्रयोग तो करें, पर कभी स्वयं को दीन या दया का पात्र बनाकर प्रस्तुत न करें। दीनता की भाषा के प्रयोग से दूसरे लोग दबाने का प्रयास करते हैं। अत: विनम्र बनो, दब्बू नहीं। सीधे-सरल बनो, मूर्ख नहीं।"

एक छात्र—"गुरुजी, कल मैंने अपने पड़ोसी से विनम्रतापूर्वक उनके वेतन के बारे में पूछा तो वे बड़े नाराज हुए। मैंने कोई अशिष्ट भाषा का प्रयोग नहीं किया था।"

अध्यापक—"भाषा की बात नहीं है। किसीके निजी मामलों में दखल देना भी अशिष्टता ही मानी जाती है।"

दूसरा छात्र—"गुरुजी, वेतन पूछने में क्या दखलंदाजी है?"

अध्यापक—"वेतन व्यक्ति का निजी मामला है, और कोई अपने

घर की अथवा आपसी चर्चा कर रहे हों तो बीच में नहीं बोलना चाहिए। किसीकी आयु, वेतन और जाति पूछना भी अशिष्टता है।''

तीसरा छात्र—''महिलाओं से तो उम्र पूछना बेकार ही है। वे असली से कम बताती हैं।''

अध्यापक—''परंतु पूछें ही क्यों? जाति पूछना तो अपनी संकुचित मनोवृत्ति प्रकट करता ही है। इन विषयों को भी निजी मामला माना जाता है।''

□

भोजन के समय शिष्टाचार

(बुआ का पत्र भतीजी के नाम)

सुभाष पार्क विस्तार,
नवीन शाहदरा, दिल्ली-३२
दिनांक १५ मई, १९९८

प्रिय भतीजी प्रभाकिरण,

सदा सुखी रहो।

तुम्हारा पत्र मिला। परिवार का समाचार ज्ञात हुआ। तुमने कुछ शिक्षा देने के लिए लिखा है। शिक्षा तो आजकल कोई किसीकी नहीं मानता। यदि आज भी कोई किसीकी बात सुनने और मानने को राजी है तो इसे भगवान् की परम कृपा मानना चाहिए। सुनने-माननेवाला तथा सुनानेवाला—दोनों पर परमात्मा प्रसन्न है।

संसार में मनुष्य और पशुओं में बहुत सी समानताएँ हैं तथा अनेक असमानताएँ हैं। इसीलिए मनुष्य को एक सामाजिक पशु माना जाता है। यह जो 'सामाजिक' शब्द है, यही अंतर का मंतर है। सामाजिकता के तो अनेक पहलू हैं। आज मैं केवल एक बिंदु पर चर्चा करूँगी—'भोजन के समय शिष्टाचार'।

मनुष्य का स्वभाव ही सामाजिकता का है। तुमने देखा होगा, पशु अपनी-अपनी खोर में चारा खाते हैं। यदि एक भैंस दूसरी भैंस का चारा खाने आ जाए तो सींगों से युद्ध मच जाता है। कमजोर जानवर का चारा

बलवान् पशु खा जाते हैं। सभ्य मनुष्य की सभ्यता इसीसे झलकती है कि वह जैसे ही स्वयं खाने बैठता है वैसे ही अन्य उपस्थित व्यक्तियों से भी भोजन ग्रहण करने का आग्रह करता है। यह मानवता का प्रथम लक्षण है कि वह शिष्टाचारपूर्वक अपनी भावना व्यक्त करे। जैसे—

१. ''आइए श्रीमानजी, भोजन ग्रहण कीजिए।''

२. ''लीजिए बंधु, थोड़ा भोजन कर लीजिए।''

३. ''आइए साहब, कुछ मिल-बाँटकर खा लें।''

४. ''चलो साहब, भोजन का समय हो गया।''

यह तो हुआ जब आप विद्यालय में या कहीं यात्रा में या बाहर मित्रों के साथ हैं। अपने साथ भोजन लेकर गए हैं। भोजन के समय और लोग भी उपस्थित हैं, या यदि आपके घर मेहमान आए हैं तो भी उपर्युक्त शब्दों का प्रयोग किया जा सकता है।

साधारणतः घर में तीन बार भोजन होता है। सुबह के भोजन को हम अल्पाहार कह सकते हैं। प्रायः-सभी घरों में जैसे-जैसे लोग सोकर उठते जाते हैं, उनको पहले खाली चाय और कुछ देर बाद नित्यकर्म (शौचादि) से निवृत्त होकर अल्पाहार देने का रिवाज है। शिष्टाचार यह कहता है कि सभी उठकर शौच, मंजन, स्नान आदि से निवृत्त होकर एक निश्चित समय पर (ईश्वर-वंदना के बाद) भोजन के स्थान पर उपस्थित हों। समय घरवालों की सुविधा एवं सहमति से तय किया जा सकता है। प्रातः सात बजे, साढ़े सात बजे, आठ बजे, साढ़े आठ बजे रखा जा सकता है। सभी को एक साथ अल्पाहार परोसा जाए और सभी मिलकर भोजन मंत्र के पश्चात् उसे ग्रहण करें। यदि कोई तैयार होकर पहले ही आ गया हो तो सबकी प्रतीक्षा करे। आते ही पहले खाना शुरू न करे। यदि किसी एक को आने में देरी हो गई हो तो सभी उसकी प्रतीक्षा करें। साथ खाने में कोई रोचक चर्चा करें। दुःखी मन से न खाएँ। हो सके तो जो कुछ भी बना हो, उस भोजन (अल्पाहार) की प्रशंसा करें। वह भोजन खानेवालों को शक्ति देगा और बनानेवाले को भी प्रोत्साहन देगा।

आप छोटे हैं तो भोजन परोसने में यथासंभव सहायता कीजिए। बिना कहे पानी लाकर रख दीजिए। माता-बहन जो भी परोस रही हों उनको बरतन ला दीजिए। बीच में कुछ चाहिए हो तो बिना आलस्य किए उठकर सेवा के लिए तैयार रहिए। सब खा चुके हों तो बरतन उठाने का कार्य निस्संकोच कीजिए। जूठे बरतन अलग उठाइए और स्वच्छ भोजन या बरतन उठाकर अलग रखिए। यदि बड़े साथ हों तो उनके हाथ धुलवाइए। हाथ पोंछने को तौलिया भी दीजिए।

ऐसी ही व्यवस्था दोपहर और सायं के भोजन के समय भी करनी चाहिए। समय निश्चित ही होना चाहिए। यदि आप नित्य निश्चित समय पर भोजन करेंगे तो शरीर को भी ठीक उसी समय भूख लगने की आदत हो जाएगी।

यदि तुम दोपहर का भोजन बाँधकर ले जाती हो तो विद्यालय में किसी सखी-सहेली को खाने के लिए पूछ लीजिए। भोजन अकेले न करें और न कक्षा में ही खाना शुरू करें। मिल-बाँटकर खाने से मानवता का, सामाजिकता का एहसास होता है। भीतरी खुशी होती है। संतुष्टि मिलती है। जबकि अकेले खाने में ऐसा लगता है जैसे हम चोरी कर रहे हैं। जैसे यह हम पाप कर रहे हैं। वह खाना तृप्ति और संतुष्टि नहीं देता। अत: अकेले खाने से बचें। मिल-बाँटकर ही खाएँ।

कभी-कभी मित्रों के संग-साथ बाजार से कुछ खाने की चीज खरीदकर अकेले खाना असभ्यता का परिचायक है। सदा साथियों में बाँटकर खाएँ। खाने के पश्चात् हाथ धोना और कुल्ला करना न भूलिए। यदि उस वस्तु का मूल्य कोई और देता है तो ध्यान रखिए कि उसे भी कुछ मिले। ऐसा न करें कि जो पैसे दे उसे कुछ भी न मिले या बहुत कम मिले। हँसी-मजाक में भी न्याय और समान बँटवारे की बात सदैव ध्यान में रहनी चाहिए।

बताने की बातें तो बहुत हैं। शेष फिर कभी लिखूँगी। आज के लिए इतनी ही बातें बहुत हैं। यदि इन्हें याद रखो और इस प्रकार का आचरण करो तो मानवता के मार्ग में एक कदम आगे बढ़ेगा।

शुभाशीर्वाद,

तुम्हारी हितैषी बुआ

कैलाशी देवी

□

धन्यवाद दीजिए

मधुर ने मास्टरजी को पोस्टकार्ड और अंतर्देशीय पत्र लाकर दिए तो मास्टरजी ने विनम्रतापूर्वक कहा, ''धन्यवाद। तुमने मेरा बहुत समय बचा दिया। अब मैं पंद्रह मिनट और बैठ सकता हूँ। मेरा डाकघर का चक्कर बच गया। अब मैं सीधे बस अड्डे जाऊँगा।''

मोहन बोला, ''इसमें धन्यवाद की क्या बात है!''

मास्टरजी—''है क्यों नहीं? देखो भई, मैं तो विद्यालय में भी यही समझाता हूँ। मधुर, पंकज, विद्यालंकार, नितिन, अभिषेक—सब इस बात को समझ लो। जब भी अवसर आए, आप धन्यवाद देना मत भूलो।''

नितिन—''श्रीमानजी, धन्यवाद के अवसर कौन से होते हैं?''

मास्टरजी—''हाँ, यह हुई न बात। यदि आपको किसीने आपके काम योग्य कोई चीज लाकर दी हो तो उसे धन्यवाद अवश्य दीजिए।''

अभिषेक—''सर, जैसे पत्र लाकर देने पर भी आपने मधुर को धन्यवाद दिया।''

विद्यालंकार—''और कोई अवसर बताइए, सर।''

मास्टरजी—''यदि कोई सहपाठी आपकी ही पुस्तक आदि कोई चीज समय पर वापस लौटा दे तो उसे भी धन्यवाद देना चाहिए।''

पंकज—''ठीक है, और सर, यदि कोई हमारे कहने भर से अपना स्कूटर, साइकिल आदि हटा ले तो भी धन्यवाद देना चाहिए न!''

मास्टरजी—''बिलकुल ठीक। हमारे कहने भर से यदि कोई कुछ भी कार्य कर दे तो धन्यवाद देना मत भूलो।''

मधुर—''यदि हमारे ही रुपए किसीने लिये हुए थे, वह हमें ही लौटा दे तो भी क्या हम धन्यवाद कहें?''

मास्टरजी—''न केवल कहें बल्कि सचमुच उसका धन्यवाद करें।''

अभिषेक—''यदि कोई हमारे पहुँचने पर हमारे लिए सीट छोड़कर खड़ा हो जाए तो क्या धन्यवाद दिया जाए?''

मास्टरजी—''अवश्य, सीट छोड़नेवाले को धन्यवाद अवश्य दें। बस-रेल यात्रा में ही नहीं, किसी स्थान पर भी यदि कोई सम्मानपूर्वक आपको बैठने के लिए कहे तो उसे धन्यवाद देना चाहिए।''

नितिन—''हमारी कक्षा तो उस समय भी धन्यवाद कहती है, जब अध्यापक महोदय स्वागत करने को खड़े विद्यार्थियों को बैठने के लिए कहते हैं।''

मास्टरजी—''बिलकुल ठीक है। कक्षा कहे 'स्वागतम्' और खड़ी हो जाए तो अध्यापक उन्हें बैठने का संकेत करे। बैठते हुए कक्षा को 'धन्यवाद जी' कहना ही चाहिए।''

पंकज—''सर, यदि कोई हमें लिफ्ट दे तो भी हमें धन्यवाद करना चाहिए?''

मास्टरजी—''वैसे तो अब लिफ्ट लेना और लिफ्ट देना दोनों ही बातें खतरे को दावत दे सकती हैं।''

अभिषेक—''सर, सड़क पर उलटा अँगूठा दिखाकर अनेक लड़कियों को कारों से लिफ्ट माँगते देखा है।''

मास्टरजी—''वही तो कह रहा हूँ कि कारवाले भी बच्चों और लड़कियों का अपहरण करके ले जा सकते हैं। और कई बार लिफ्ट लेनेवाले भी कार का अपहरण कर सकते हैं।''

नितिन—''तब तो लिफ्ट लेना और लिफ्ट देना दोनों ही खतरनाक हैं।''

पंकज—“सर, स्कूटरवाले तो अब लिफ्ट दे ही नहीं सकते; क्योंकि दोनों सवारियों को हैलमेट पहनना अनिवार्य कर दिया गया है।”

मास्टरजी—“फिर भी, घर-परिवार या पड़ोस के लोग भी यदि आपको लिफ्ट दें तो उन्हें धन्यवाद अवश्य दीजिए।”

नितिन—“और सर, यदि कोई समाचारपत्र, पत्रिका या पुस्तक पढ़ रहा है और हम उससे पढ़ने के लिए माँगें?”

अभिषेक—“और वह भला आदमी हमें पढ़ने को दे दे तो हमें धन्यवाद करना चाहिए।”

मास्टरजी—“यदि वह आपको पढ़ने के लिए पुस्तक देता है तो वह अवश्य ही धन्यवाद का पात्र है। इसके बाद जब आप उसे पुस्तक या पत्रिका वापस देते हैं तो उसे भी धन्यवाद कहना चाहिए।”

मधुर—“वह धन्यवाद न कहे तो?”

मास्टरजी—“तो क्या! आप तो लौटाते हुए ‘धन्यवाद’ कह ही सकते हैं।”

नितिन—“और विद्यालय में हम किसीसे रबर, पेंसिल, पेन आदि लें तब भी धन्यवाद कहना याद रखेंगे।”

मास्टरजी—“अच्छा भाई, अब मैं चलूँगा। काफी देर हो गई है।”

पंकज—“श्रीमानजी, आपने इतना समय देकर हमारा ज्ञान बढ़ाया, इसके लिए आपका हार्दिक धन्यवाद।”

मास्टरजी—“केवल धन्यवाद देने से काम नहीं चलेगा। अब मुझे साइकिल पर बैठाकर बस स्टैंड तक पहुँचा दो।”

नितिन—“श्रीमानजी, आइए, मैं स्कूटर पर ले चलता हूँ।”

मास्टरजी—“धन्यवाद! धन्यवाद!”

□

शिष्टाचार : घर और बाहर

रूपम की माँ जब उसे जगातीं तो वह चिल्ला पड़ता, ''क्या है? सोने भी नहीं देतीं!'' पापा कह देते, ''सोने दो। सोने दो, बच्चा है। सो जा बेटे, सो जा। उठ जाएगा। रात को देर तक पढ़ता रहा है। बच्चों की नींद पूरी होनी आवश्यक है।'' सच तो यह है कि रात को देर तक रूपम विद्यालय की पुस्तकें नहीं बल्कि जासूसी उपन्यास पढ़ता रहा था। इस प्रकार माता-पिता बालक में स्वयं बुरी आदतें डालते हैं। बच्चे फिर शिष्टाचार से अधिक अपनी सुख-सुविधा को महत्त्व देने लगते हैं। माँ-बाप से रूठना, जिद करना अपना अधिकार समझने लगते हैं।

बच्चो, आपको अपने घर में भी शिष्टाचार बरतना चाहिए। माता-पिता से सदैव आदरपूर्वक व्यवहार करना चाहिए। कुछ घरों में पिता से तो बच्चे आदर से बोलते हैं, पर माता से 'तू' कहकर बोलते हैं। बच्चे जब बड़े होते हैं तो माता का सम्मान भली प्रकार से नहीं कर पाते। बहन-भाई और भाई-भाई को भी परस्पर सम्मानपूर्वक बोलना चाहिए। अनेक बार बड़े प्रतिष्ठित घरों में भी भाई भाई को तू-तड़ाक करते देखा गया है। आगे चलकर यह प्रेम के संबंधों में दरार का कारण बन जाता है।

यदि आप बड़े भाई हैं तो छोटे भाई-बहनों के साथ कहीं जाते हुए उनका किराया खर्च करना या उन्हें खिलाना-पिलाना आपका दायित्व है। उनसे पैसे माँगना या आधा खर्च देने को कहना शिष्टाचार नहीं है।

इसके विपरीत, यदि आप छोटे हैं और आपकी कमाई का कोई साधन नहीं है तो निस्संकोच बड़ों को खर्च करने दीजिए; परंतु इस सुविधा का दुरुपयोग मत कीजिए—अर्थात् अधिक खर्च कराने की परिस्थिति मत बनाइए। जैसे—भाई के साथ कहीं होटल में जाने का अवसर मिले तो महँगी-से-महँगी डिश (खाने की चीज) लेंगे। भूख नहीं है तो भी जमकर खाएँगे। खाया नहीं जाएगा तो भी लेंगे, जूठा करके छोड़ देंगे। ऐसे आचरण से मन में दरार पड़ जाती है। अतः सम्मान, प्रेम और अपनेपन का शिष्टाचारपूर्ण व्यवहार ही करना चाहिए।

बाहरवालों से भी ऐसा ही व्यवहार किया जाना श्रेयस्कर है। बाहर अर्थात् मित्रों से, विद्यालय में, पड़ोसियों से, बाजार में, क्लब में, खेलों आदि में। मित्रों से भी वही व्यवहार करना चाहिए जो भाइयों से करना होता है। कई लोग मित्रता की घनिष्ठता 'तू' 'तेरे' बोलने में ही मानते

हैं। बड़ों से ही छोटों में यह व्यवहार आता है। कई मित्रों को देखा है कि वे एक-दूसरे को गाली देकर ही बात करते हैं तथा इसे अपनी घनिष्ठता का प्रमाण मानते हैं। मैं आपको बताना चाहूँगा कि मित्रों में शिष्टाचार बहुत आवश्यक है। ऐसे मित्र, जो परस्पर बहुत प्रेम करते हैं और गाली-गलौज के व्यवहार से बिलकुल बुरा नहीं मानते, अनेक बार उनमें जमकर लड़ाई होती है; क्योंकि हर समय हर व्यक्ति का मन एक समान नहीं रहता। कभी-कभी घरेलू या निजी कारणों से व्यक्ति बहुत असहनशील हो जाता है। ऐसे समय में मित्र द्वारा गाली या तू-तड़ाक का व्यवहार प्रतिक्रिया उत्पन्न करता है। इस प्रकार घनिष्ठता कुछ मिनटों में ही शत्रुता में बदल जाती है। बालकों में यह स्थिति बहुत जल्दी आती है; क्योंकि वे एक ओर निश्छल प्रेम भी करते हैं तो दूसरी ओर अनुभवहीन और असहनशील भी होते हैं। इन परिस्थितियों का पक्का इलाज है परस्पर सम्मानपूर्वक व्यवहार। अतः बच्चों को चाहिए कि परस्पर शिष्टाचार को अपनी आदत बनाएँ।

विद्यालय में सहपाठी और मित्रों से शिष्टाचार का व्यवहार करना चाहिए। अध्यापक-अध्यापिकाओं के प्रति श्रद्धा और सम्मानपूर्वक व्यवहार तो हमारा कर्तव्य ही है। कर्मचारियों तथा समय-समय पर आनेवाले आगंतुक अभिभावकों से भी शिष्ट व्यवहार करना आवश्यक है।

किसीको भी चिढ़ाना अच्छी बात नहीं। चिढ़ाने से सदैव बुरा परिणाम ही निकलता है। अतः किसीको भी चिढ़ाना सचमुच बुरा काम है। चिढ़ाने का अर्थ है स्वयं को अच्छा और दूसरे को बुद्धू समझना। अच्छे बच्चे किसीकी हँसी भी नहीं उड़ाते, क्योंकि हँसी उड़ाने का भी यही अर्थ है। ऐसे बालक अपने को बड़ा चतुर तथा दूसरों को बुद्धू समझते हैं। इस प्रकार अनजाने ही अभिमान पनपता है। अभिमान से बड़े-बड़े बलवान् और चतुर सुजान भी पतन की ओर चले जाते हैं। भगवान् अपने भक्तों को, अपने बच्चों को अभिमानी नहीं देखना चाहते। वे तो हमको विनम्र, सरल और सहृदय देखना चाहते हैं। स्वयं श्रीराम ने कहा

है कि 'मुझे छल-कपट अच्छा नहीं लगता। सरल मनवाले लोग, निर्दोष लोग ही मुझे अच्छे लगते हैं। मैं उन्हींको मिलता हूँ।'

'निर्मल मन जन सो मोहि पावा।
मोहि कपट छल छिद्र न भावा।।'

इसका आशय यही है कि निष्कपट, निश्छल व्यवहार परमात्मा को प्राप्त करने की पहली सीढ़ी है। कई लोग 'तू' करके बोलने को निश्छल व्यवहार का प्रतीक मानते हैं। कई गालियों को घनिष्ठता का सूत्र मानते हैं। यह धारणा गलत है। बड़े-छोटे का ध्यान रखकर, मान-मर्यादा के अनुसार ही शिष्टतापूर्ण भाषा में हमें अपने विचारों का आदान-प्रदान करना चाहिए। इससे मनमुटाव या झगड़े की आशंका नहीं रहती। यदि ऐसा स्वभाव बन जाए तो कभी कहीं भूल से भी अशिष्ट व्यवहार की आशंका ही समाप्त हो जाती है। यदि मित्रों या घरवालों से भी घनिष्ठता के कारण मर्यादाहीन व्यवहार करते हैं तो कल बाहरवालों से भी वैसा ही व्यवहार कर सकते हैं। अतः शिष्ट व्यवहार शांति की कुंजी है।

□

अतिथि देवता

शास्त्रों में कहा गया है—'अतिथि को देवता मानकर उसका सत्कार कीजिए। पहले अतिथि को आसन दीजिए। फिर जल दीजिए। इसके पश्चात् यथायोग्य भोजन कराइए। उनके साथ प्रेमपूर्वक वार्त्तालाप कीजिए। उन्हें अकेले छोड़कर अलग कमरे में न बैठिए। उनसे बहस न कीजिए। यदि मतभेद भी है तो उग्रतापूर्वक मतभेद प्रकट न कीजिए।' इन सब बातों को तो आप जानते ही हैं और करते भी होंगे।

मैं तो आपको इसी सिक्के का दूसरा पहलू दिखाना चाहता हूँ, जो प्रायः लोगों को दिखाई नहीं देता। साफ-साफ बात यह है कि आपके घर तो अतिथि आते ही हैं। आप भी किसीके घर अतिथि बनकर जाते होंगे। मैं आपको यही बताना चाहूँगा कि आप अतिथि हों तो आपका व्यवहार कैसा होना चाहिए। क्यों, है न काम की बात!

अतिथि का अर्थ है जिसकी कोई तिथि निश्चित न हो, जब चाहे आ धमके, महीने के अंत में भी। परंतु आप कृपया महीने के अंत में किसीके घर मत जाइए। जहाँ जाएँ, उनपर बोझ मत बनिए। सूचना देकर जाएँगे तो और भी अच्छा है। बात समझ में आ गई न! एक बात और। असमय तो कभी न जाएँ। मेरा आशय है कि आपको भलीभाँति ज्ञात है कि आप जिनके घर जा रहे हैं वहाँ उनके समय का विचार करके ही जाएँ। उदाहरण के लिए आप प्रातः नौ बजे पहुँचते हैं। वह नौ बजे चार्टर्ड बस पकड़ते हैं। वह टिफिन लेकर टा-टा कर रहे हैं और

आप वहाँ जा धमकते हैं। अब वे आपसे बात नहीं करते तो आप नाराज हो जाते हैं। बात करते हैं तो बस निकल जाती है। क्यों, डाल दिया न मेजबान को भारी मुश्किल में! कभी-कभी आप रात्रि के दस बजे के बाद किसीके घर जा धमकते हैं। उसके पास स्थान कम है, या रात्रि को सोने-सुलाने के कपड़ों का अभाव है। कैसे करेगा वह आपका सत्कार? जलपान और चाय का प्रबंध शायद वह कर भी दे, भोजन के प्रबंध में कठिनाई हो सकती है। ठहराने में तो वह सचमुच असमर्थ है। सोचिए, क्या वह स्वयं कहे कि मैं आपको ठहरा नहीं सकता। चाय पिओ और अपना रास्ता नापो। यदि ढीठ बनकर मजबूरी में ऐसा कह ही दे तो आपका क्या होगा हुजूर? कहाँ जाएँगे? कैसे जाएँगे? अतः दूसरों के स्थान पर स्वयं को बैठाकर उसकी कठिनाइयों को समझें तो फिर ऐसी गलती कभी नहीं होगी।

आप बच्चे तो हैं ही। किसी मित्र या संबंधी के घर पहुँच भी गए तो कोई बात नहीं। दूसरे के घर जाकर उसके ड्राइंगरूम में सजाकर रखी गई वस्तुओं—मूर्तियों, तसवीरों आदि को कभी मत छेड़िए। कोई वस्तु आपके हाथ से गिरकर टूट सकती है। उनकी हानि तो होगी ही, आप उनको कभी अच्छे भी नहीं लगेंगे। क्या आप चाहते हैं कि लोगों को आपका आना अच्छा न लगे? ऐसा तो कोई भी नहीं चाहेगा। अत: अपनी आदत ठीक कीजिए। किसीके घर जाइए तो बेमतलब छेड़छाड़ से बाज आइए। घड़ी, पेन, चश्मा आदि तो कभी न छेड़िए। किसी भी चीज को घुमा-फिराकर, खोलकर देखना बहुत ही बुरी बात है। ये चीजें बड़ी नाजुक होती हैं। तनिक इधर-उधर होते ही इनमें बिगाड़ आ सकता है।

किसीके घर जाकर स्वयं रसोई में घुसकर कुछ खाने या बनाने लगना भी उचित नहीं। किसीकी साइकिल या स्कूटर लेकर चल देना तो उसके लिए ही नहीं, आपके लिए भी खतरनाक हो सकता है। दूसरों के घर जाने पर बातचीत का ध्यान रखना भी आवश्यक है। आमतौर पर आप अपनी बात बिना रुके कहते ही रहते हैं। दूसरे को बोलने का अवसर ही नहीं देते। कृपया कम बोलें। मतलब की बात करें और यों ही बात कहकर ठठाकर न हँसें। आपने देखा होगा कि राक्षस, दुष्ट और अत्याचारी लोगों को इस प्रकार ठठाकर हँसता दिखाया जाता है। सौम्य, सज्जन, भले लोग प्रसन्न होने पर भी मात्र मुसकराते ही हैं, जोर से ठठाकर नहीं हँसते।

जिनके घर आप गए हों उनके बच्चों से अकारण मारपीट मत कीजिए। यदि बच्चे आपसे छोटे हैं तो उन्हें प्रेम से खिलाइए। मेजबान को ठीक लगेगा। घर में गेंद आदि से कभी न खेलें। उनके घर के बड़े लोगों का बिना घनिष्ठता के भी निरंतर आदर करें। यथायोग्य अभिवादन करें। जो भी पकाया जाए उसे ही आनंदपूर्वक ग्रहण करें। दूसरे के घर जाकर अधिक नुक्स मत निकालिए। नमक या मिर्च, चीनी या खटाई

बार-बार मत माँगिए। खाने पर टूटकर न पड़िए। शांतिपूर्वक धीरे-धीरे चबाकर खाइए। भोजन के पहले और पीछे हाथ धोना न भूलिए। खाने के समय अधिक मत बोलिए। अधिकतर अपना कार्य स्वयं कीजिए। दूसरों को बार-बार न सताइए। बुरे बरताव याद नहीं आते; परंतु सौम्य, सादा, प्रेमपूर्ण व्यवहार सदा याद रखा जाता है।

आपको स्वयं चुनना है कि आप कौन से मार्ग को अपनाना चाहते हैं। आप सबका प्यार लेना चाहेंगे या दुत्कार? अपमान या आदर-सत्कार? आपका अपना व्यवहार ही दूसरे को व्यवहार करने पर बाध्य करेगा। मेहमान बनकर जाइए तो मेजबान की जगह स्वयं को बैठाकर परिस्थिति समझ लीजिए। बस, फ़िर कभी अशिष्टता नहीं होगी।

'अपने जिय से जानिए, पर के जिय की बात।'

□

साफगोई

हो सकता है, 'साफगोई' शब्द आपने न सुना हो; परंतु प्रायः लोगों को यह कहते तो सुना ही होगा, 'भई, मैं तो साफ-साफ कहता हूँ, कोई बुरा माने तो माने।' ऐसी बात सुनते-सुनते आपने भी शायद साफ-साफ कहने की कला सीख ली होगी। अपनी आदत से मन-ही-मन अत्यंत प्रसन्न भी होते होंगे।

ठीक ही है। परंतु मैं इकतालीस वर्ष के शिक्षण के अनुभव के बल पर यह समझाना चाहता हूँ कि अधिकतर मनमुटाव और झगड़ेबाजी केवल इस साफगोई के कारण ही होती है। किसीकी जरा सी बात मन में बुरी लगी तो उसके विरुद्ध विष-वमन कर दिया। परिणाम सोचा ही नहीं। वस्तुतः इन साफ कहनेवालों का हाजमा खराब होता है। ये लोग किसी बात को पचा नहीं पाते। इन्हें जरा भी सहन नहीं होता। यह सरासर कमजोरी है; परंतु अपनी कमजोरी स्वीकार नहीं करते। अपनी टोपी को ताज बताना इनकी आदत है। दूसरों के गुलाब में इन्हें काँटे-ही-काँटे दिखाई पड़ते हैं। बात पचती तो अपने पेट में नहीं है, परंतु उसपर साफगोई की प्रेस मारकर चमका देते हैं। कहने के ढंग से उसमें नमक, मिर्च, मसाला और अधिक लगा देते हैं। फिर ऐसे पेश करते हैं कि सुननेवाले के कलेजे को चीरती ही चली जाती है। साथ-साथ यह कहना नहीं भूलते, 'मुझसे तो चाहे हजार आदमियों में कहलवा लो, मैं सच-सच कहने में कभी नहीं घबराता। कोई बुरा माने तो मान जाए।

यहाँ तो साफ कहना, सुखी रहना।' सुनने में बात बड़ी मनमोहक है। ये सब वही कहते हैं जो मंथरा की परंपरा के हैं। सारा सूर्यवंश डूब गया, अयोध्या उजाड़ हो गई; परंतु वह तो कैकेयी के हित की बात कह रही थी और कहकर ही रही। ऐसे लोग किसीकी एक बात बिना प्रमाण के ही कहीं सुन लें; बस, फिर तो प्रमाण से भी अधिक विश्वस्त ढंग से पेश करना इनकी अपनी कला का कमाल है। इन महान् कलाकारों से स्वयं को बचा पाना अत्यंत कठिन है। तो भी मेरी सलाह है कि इनसे बचने का प्रयास करें।

एक काम तो आप कर ही सकते हैं कि स्वयं को ऐसा न बनने दें। साफगोई के बहाने से चुगली की इस भयानक, विस्फोटक आदत से अपने आपको तो बचा ही लें। स्वयं किसी भी तरह इस आदत को न पालें। किसीके गुणों को बढ़ा-चढ़ाकर बताना तथा दोषों को छिपा लेना महानता है। मित्र के दोष उसको तो बताएँ, परंतु औरों से छिपा लें। गोस्वामीजी की चौपाई है—

'मित्र मित्रहित करहिं भलाई।
गुन प्रगटे अवगुनहिं दुराई।।'

मित्र तो मित्र ही है, शत्रु की भी बुराइयाँ चुगली के रूप में न करें। यदि आप दूसरों की बात अपने पेट में छिपाए रख सकते हैं तो आप मूल्यवान् हैं। एक पुरानी कहानी का स्मरण दिलाकर अपनी बात पूरी करूँगा, ताकि बात आपकी समझ में ठीक से आ जाए।

किसी राजा ने शिल्पकला की प्रदर्शनी लगाई थी। उसकी प्रदर्शनी में अनेक कलाकारों ने अपनी कलाकृतियाँ सजाईं। राजा का कलाकारों को प्रोत्साहित करने का विचित्र ढंग था। उसका कहना था कि जो कलाकृतियाँ नहीं बिकेंगी, अंत में राजा उनका मूल्य चुकाकर कलाकारों को प्रोत्साहित करेगा। एक कलाकार की बनाई तीन मूर्तियाँ अंत में शेष रह गईं। राजा ने उनका मूल्य पूछा। तीनों मूर्तियाँ एक जैसी थीं। कलाकार

ने बताया कि पहली का मूल्य पाँच रुपए, दूसरी का मूल्य पाँच हजार रुपए और तीसरी का मूल्य पाँच लाख रुपए है। राजा बड़ा विस्मित हुआ। एक ही आकार की मूर्तियों के मूल्य में इतना अंतर क्यों?

कलाकार ने एक सींक लेकर पहली मूर्ति के कान में डाली, जो कि उसके दूसरे कान से बाहर निकल आई। कलाकार बोला, "महाराज, इसके मन में बात नहीं रुकती। न यह अपनी समझ का प्रयोग करता है। जो एक कान से सुनता है वह दूसरे कान से निकाल देता है।"

राजा बोला, "दूसरी मूर्ति में क्या अंतर है?"

कलाकार ने सींक दूसरी मूर्ति के कान में पिरोई। थोड़ी देर बाद वह मुँह से निकल आई। वह बोला, "सरकार, यह पाँच हजार रुपए की है। इसने बात रोकने की कोशिश तो की थी, परंतु इसने सुनी हुई बात को मुँह से प्रचारित कर दिया।"

राजा बोला, "भई वाह! और तीसरी का मूल्य पाँच लाख क्यों?"

कलाकार ने उसके दोनों कानों में सींक डालीं। सींक अंदर तो गईं, परंतु किसी भी छिद्र से बाहर नहीं निकलीं। कलाकार बोला, "देखा सरकार, यह गंभीर मूर्ति है। इसने सब बातों को सुनकर, देखकर अपने मन में पचा लिया। किसीकी बुराई किसीको नहीं बताई। इसका मूल्य पाँच लाख रुपए भी कम है।"

राजा की समझ में आ गया। उसने तीनों मूर्तियाँ खरीद लीं, क्योंकि उसे सभी बचा हुआ सामान खरीदना था।

आप समझ तो गए ही होंगे। अंत में इतना ही कहना चाहूँगा कि साफ कहने के चक्कर में किसी बात का ढोल मत पीटो। उनके दुर्गुणों को उन्हें तो बताइए, परंतु शोर मत मचाइए। अमेरिका के राष्ट्रपति बिल क्लिंटन और मोनिका लेवेंस्की की छीछालेदर एक सहेली ने ही कराई। यदि वह चाहती तो संसार में कोई नहीं जान पाता कि उनके संबंध क्या थे? यदि मोनिका भी उसे न बताती तो सहेली भी क्या कर लेती। जरा सोचिए, जिस बात को आप ही नहीं छिपा पा रहे हैं उसे दूसरे से छिपाने

की आशा कैसे कर सकते हैं? संस्कृत में एक सूक्ति है—'षटकर्णे भिद्यते मन्त्रः।' छह कानों में जाकर बात खुल जाती है। अतः जो बात अच्छी न हो उसे वहीं दबा दें। तीसरे तक भी उसे न पहुँचने दें। इसीमें कल्याण है। आशा है, आप सबकुछ सीख गए होंगे। इनमें से जो श्रेयस्कर लगेगा उसको अपने जीवन में धारण करेंगे। जो उपयोगी न हो उसे छोड़ देंगे। हमारा लक्ष्य है—

सर्वेऽपि सन्तु सुखिनः सर्वे सन्तु निरामयाः।
सर्वे भद्राणि पश्यन्तु मा कश्चिद् दुःखभाग्भवेत्।।

□

सबके प्यारे

प्यारे बच्चो! सबके प्यारे बनो। घर में माता-पिता, भाई-बहन, दादा-दादी, चाचा-चाची सब आपको भरपूर प्यार करें। विद्यालय में शिक्षक तथा छात्र मित्र सब आपको प्यार करें। पड़ोस के बच्चे और बड़े आपको पसंद करें। एक बार तो लगता है जैसे यह संभव ही नहीं, परंतु थोड़ा ध्यान दें तो यह कठिन भी नहीं। कल्पना करके देखिए, जब घर-बाहर, मित्र तथा पड़ोसी, शिक्षक तथा छात्र सभी आपको प्यार करेंगे तो कितना मजा आएगा!

इसके लिए थोड़ा सा प्रयास तो आपको करना ही पड़ेगा। इसके लिए मैं ये कुछ सुझाव प्रस्तुत कर रहा हूँ—

१. गाली से बचें—सर्वप्रथम तो आप गाली जैसी आदत को पास न आने दें। जो गाली देते हैं उनसे मित्रता न रखें। कुछ गालियाँ तो इतनी आम हैं कि बच्चे और बड़े, यहाँ तक कि लड़कियाँ भी निस्संकोच बोलती हैं। आपको लगता होगा, यह तो गाली ही नहीं, रिश्ता है। कुछ वयोवृद्ध लोग भी दिन-रात अपने आपको भी ऐसी गालियाँ देते हैं। यदि आप सावधानी बरतें तो ऐसी गालियों से बचा जा सकता है। बचपन से ध्यान रखा जाए तो बड़े होकर भी आप कभी गाली नहीं देंगे। मैंने बचपन में भी कभी गाली नहीं दी। भूल से भी नहीं। जब कोई दूसरा गाली देता तो उसके अर्थ को सोचकर ही मुझे गाली और व्यक्ति से घृणा हो जाती थी। जो गाली दे उसकी संगति से बचें। फिर देखिए,

सभी आपको प्यार करेंगे।

२. **समय पर खेलें, समय पर पढ़ें**—समय पर सब काम करने की आदत डालनी चाहिए। बड़ों की सहायता से समय-सारणी (Time-table) बना सकें तो बहुत अच्छा है। विद्यालय के अतिरिक्त पढ़ने और खेलने का समय निश्चित कर लीजिए। हर समय खेलते रहने से घर ही नहीं, पड़ोस के लोग भी दु:खी हो जाते हैं। समय पर खेलना वैसे भी स्वास्थ्य के लिए लाभदायक होता है। समय निंश्चित होगा तो उस समय घर के सभी सदस्य भी आपको खेलने से रोकेंगे नहीं, बल्कि खेल का सामान भी दिलाया करेंगे।

३. **जिद मत कीजिए**—आपको क्या, सभी को लगता है कि मेरी बात पूरी होनी चाहिए। जो चाहें सो मिलना चाहिए। इसी अधिकार की रक्षा के लिए बच्चे जिद करते हैं। इस जिद से ही आपकी लोकप्रियता समाप्त होती है। पड़ोसी और संबंधी भी जिद्दी बच्चों से घृणा करने लगते हैं। अत: जिद्दी कभी न बनें। विश्वास रखिए कि आपके माता-पिता आपको कभी तंग नहीं करना चाहते। अत: किसी वस्तु को न दिलाने में उनकी कोई विवशता हो सकती है। यदि कुछ दिन रुकने के लिए कहें तो रुक जाएँ। यदि सबको पता लग जाए कि आप जिद नहीं करते और जैसा बड़े कहें, मान जाते हैं तो सब आपको प्यार करेंगे। माता-पिता प्रेम से आपकी मनचाही वस्तु दिलाने की चेष्टा करेंगे।

४. **फिजूलखर्ची बुरी बात है**—यह तो आप समझते ही हैं कि माता-पिता कठिनाई से धन कमाकर लाते हैं। यदि आप उसे बिना मतलब खर्च करवाते हैं तो उनको अच्छा नहीं लगेगा। आपके लिए खाने, पहनने और खेलने की सभी चीजें वे खरीदकर देते हैं। पढ़ने-लिखने की चीजें भी वे लाते हैं। जिन चीजों के बिना सरलता से काम चल सकता है उन्हें नहीं खरीदना चाहिए। कभी-कभी एक ही तरह की अन्य चीजों के होते हुए भी आप नई वस्तु खरीदने की जिद करते हैं तो उन्हें अच्छा नहीं लगता। होली पर फालतू के रंग, पिचकारी तथा दीपावली

पर बहुत ज्यादा पटाखे आदि छोड़ना भी फिजूलखर्ची ही तो है। आगामी दीपावली पर ऐसी भूल मत करिएगा।

५. **बुरी लत मत पकड़िए**—लत होती ही बुरी है। बुरी चीज से आप संबंध क्यों बनाएँ। शुरू में तो किसीको भी लत (आदत) नहीं होती। आप मित्रों में बैठे हैं। किसी एक ने कहा, ''सिगरेट का स्वाद तुझे कैसा लगता है?'' दूसरा बोला, ''यार, मैंने तो कभी पी ही नहीं।'' तीसरा—''नहीं पी तो अब पीकर देख ले।'' जिज्ञासा हुई, पीकर देखो। एक-दो बार पीड़ा हुई। फिर पीड़ा सहन हो गई। कुछ स्वाद सा लगा। फिर मित्रों की संगत में मुफ्त मिलने से आदत शुरू हो गई। धीरे-धीरे लत पड़ गई। अब चाहकर भी नहीं छूटती। फिर उसमें दोष दिखाई देना बंद हो गया। धूम्रपान, सुरापान, अफीम, चरस, भाँग, गाँजा, स्मैक, हेरोइन और न जाने क्या-क्या। सभी आदतें सत्संगति के अभाव में ही

पड़ती हैं। बुरी संगति ही बुरी आदतों की जननी है। इससे सावधान रहें। बुरी आदत को शुरू से ही न होने दें। बस, न रहेगा बाँस, न बजेगी बाँसुरी। मैं आशा करता हूँ कि आप सब नशे के सेवन से बचे रहेंगे तथा सबके प्यारे बने रहेंगे।

६. **ईमानदारी**—ईमानदारी सबसे बड़ा गुण है। घर, बाहर, परिचितों तथा अपरिचितों से जो भी व्यवहार करें, ईमानदारी से करें। किसी भी प्रकार के लेन-देन में छल और धोखा मत करें। कोई पड़ोसी या संबंधी कुछ मँगाए तो जो राशि आपको दे उसका पूरा हिसाब दे दीजिए। किसीसे कुछ धन या वस्तु लेनी पड़ जाए तो उसको वायदे के अनुसार लौटाइए। यही ईमानदारी अपनाइए, लोग निश्चित ही आपको प्यार करेंगे और आप सबके प्यारे हो जाएँगे।

७. **मृदुभाषी बनिए**—मृदुभाषी अर्थात् मीठा बोलनेवाला। आप जब भी बोलें, मीठी भाषा का ही प्रयोग करें। बड़ों से आदरपूर्वक तथा छोटों से स्नेहपूर्वक बातचीत करें। किसीसे कठोर और चुभनेवाली भाषा का प्रयोग कभी न करें। किसीकी बुराई भी बताएँ तो उग्र न हों। जब बोलें, प्रेम से बोलें। किसीको मना भी करना हो तो सुझाव की भाषा में करें। जैसे आप अपने साथी को समय पर अपनी पुस्तक वापस न करने पर डाँटना चाहते हैं तो कहिए, 'समय पर पुस्तक नहीं लौटाई, अब आप कोई वस्तु माँगेंगे तो मुझे सोचना पड़ेगा।' कोयल की मीठी बोली के कारण सभी उसे प्यार करते हैं, यद्यपि वह रंग की काली है।

'कागा कासो लेत है कोयल काको देत।
मीठे बोल सुनाय कै मन सबका हर लेत।।'

यदि आप इन सुझावों को व्यवहार में लाएँगे तो निश्चित ही सबके प्यारे बन जाएँगे। क्यों, बनेंगे न सबके प्यारे?

□

बालकों के लिए प्रेरणा

जीवन में आगे बढ़ने के लिए प्रेरणा का महत्त्व सबसे अधिक है। प्रेरणा उसीसे ली जाती है जिसका प्रभाव हो, जिसमें हमारी आस्था हो, श्रद्धा हो। प्रेरणा महापुरुषों से, पुस्तकों से, गुरुओं अथवा शिक्षकों से, धर्मस्थानों से ली जा सकती है। इसके अतिरिक्त कभी-कभी सहपाठी-मित्रों से, पड़ोसियों से भी ली जा सकती है। परंतु सबसे अधिक एवं प्राथमिक प्रेरणा प्राप्त होती है अपने परिवार से। परिवार में भी माता-पिता से। यदि माता-पिता ही बच्चे को प्रेरणा नहीं देंगे तो बालक के विकास का आधा मार्ग तो रुक ही जाएगा।

अनेक माता-पिता अपने बच्चों में शिक्षक के प्रति श्रद्धा का भाव नहीं भरते। वे अपने धन एवं पद के अभिमान के कारण शिक्षकों के प्रति तिरस्कार का भाव भरते हैं, जिसका परिणाम होता है कि बच्चा शिक्षक के चरित्र से, व्यवहार से, योग्यता से कभी प्रेरणा नहीं ले सकता। जो माता-पिता सदैव बच्चे के समक्ष ऐसी बातें करते रहते हैं जिनसे शिक्षक तिरस्कृत हों, वे बच्चों को महान् बनाने की कल्पना भी न करें। जैसे एक परिवार सदैव इस प्रकार चर्चा किया करता था, 'क्यों रे, तेरे मास्टर ने कुछ कहा तो नहीं? अगर मारे-पीटे तो मुझे बता देना। उसे चौबीस घंटे में सरकारी नौकरी से निकलवा दूँगा। आखिर मैं भी गृह मंत्रालय में काम करता हूँ।' बालक का भय तो निकल ही गया, शिक्षकों के प्रति आस्था का भाव भी न रहा। जिसको बालक अपने से अधिक

शक्ति-संपन्न नहीं समझेगा, अपने से अधिक योग्य नहीं समझेगा या अपने से कम हैसियतवाला समझेगा, उससे न वह प्रेरणा ले पाएगा और न कभी कुछ सीख ही पाएगा।

इसी प्रकार एक अन्य परिवार का प्रत्यक्ष उदाहरण मैं प्रस्तुत करता हूँ। एक निर्धन परिवार था। पिता रेलवे में कर्मचारी थे। चतुर्थ श्रेणी के कर्मचारी और पाँच बच्चे। एक कमरा किराए का अनधिकृत बस्ती में लिया हुआ था। गुजारा चलाना काफी कठिन था। रोजाना वे भगतजी स्टेशन से पाँच किलोमीटर पैदल ही घर आते थे। लोग उनको भगतजी ही कहकर पुकारते थे। वास्तव में वे बड़े शरीफ, सहृदय और आस्तिक सज्जन थे। उनका बड़ा पुत्र मेरा विद्यार्थी था। अपने में अनुशासित और समझदार। कक्षा ने सर्वसम्मति से उसे कक्षानायक चुना था। उसके पिताजी से मुलाकात हुई। उन्होंने बच्चों के सामने ही मेरे पाँव छुए। बच्चों से भी पैर छुआए और कहा, ''बेटे, अगर दुनिया में कुछ बनना है तो गुरुओं की कृपा से ही बन सकते हो। इनका निरादर कभी मत करना। इनकी आज्ञा कभी मत टालना। इनकी मार का कभी बुरा मत मानना। गुरु कभी शिष्य का बुरा नहीं चाहता।''

सच भी यही है कि गुरु शिष्य का बुरा कभी सोच ही नहीं सकता। परंतु जमाना जिस प्रकार अनैतिकता की ओर अग्रसर है, इस प्रकार का शिक्षक हो भी जाए, जो किसी लोभ या लालच में गलत सोचने भी लगे, तो क्या ऐसी आस्था के प्रवाह में वह सोच बची रह सकती है? कभी नहीं। शिक्षक की प्रतिकूलता भी क्षण भर में बह जाएगी।

बड़े बालक ने पिता की बात गाँठ बाँध ली। छोटे तो छोटे ही थे। मैं भी उन दिनों स्वयं पढ़ रहा था। मैंने अपने छात्रों से कभी नहीं छिपाया कि मैं भी पिछड़े वर्ग से, निर्धन घराने से संबंधित हूँ; बल्कि यह बताकर उन्हें प्रेरणा ही दी कि मैं भी बहुत नीचे से उठकर आगे बढ़ा हूँ, तुम भी बढ़ो। बचपन में कई बार मेरी स्कूली फीस भी मेरे कक्षाध्यापक श्री श्याम सुंदर शर्मा ने भरी, जो मैंने बाद में चुकाई। दसवीं करते ही

मैंने प्रशिक्षण लेकर प्राथमिक विद्यालय में पढ़ाना शुरू कर दिया। पाँच वर्ष बाद मैंने पुनः पढ़ाई करने का संकल्प लिया। प्रभाकर, साहित्य रत्न, साहित्याचार्य, बी.ए., एम.ए., होम्योपैथी में एम.एस-सी., आयुर्वेद में बी.ए.एम.एस., ज्योतिष का अध्ययन, शिक्षा शास्त्री आदि किए। उस कक्षा के बीसियों छात्र सरकारी पदों पर उच्चाधिकारी हैं। अधिकांश समय-समय पर मिलते रहे हैं। तीस वर्ष पूर्व पढ़ाए उन छात्रों के प्रति आज भी स्नेह विद्यमान है तथा उनमें आज भी श्रद्धा का भाव है। बात चल रही थी नरेश की। उसने मुझसे प्रेरणा ली और लगातार पढ़ता रहा, बढ़ता रहा। दसवीं कक्षा की परीक्षा से पूर्व ही उसने मुझसे अनुमति चाही कि वह प्रातःकाल जल्दी उठकर ब्रेड सप्लाई का काम करना चाहता है, जिससे घर में कुछ आर्थिक सहयोग हो जाएगा। मैंने उसे अनुमति नहीं दी। आर्थिक सहयोग के लिए एक-दो बच्चे पढ़ाने के लिए सौंप दिए। हायर सेकेंडरी उसने तीन विषयों में डिस्टिंक्शन लेकर तिहत्तर प्रतिशत अंक से उत्तीर्ण की, जो उस जमाने में, उस बस्ती में तथा विद्यालय के लिए सर्वोच्च अंक थे।

फिर उसका मन हुआ कि मेरी तरह नौकरी कर ले तथा शेष पढ़ाई प्राइवेट ही करे। फिर भी मैंने उसे अनुमति नहीं दी और उसे हंसराज कॉलेज, मलकागंज में प्रवेश मिल गया। उसकी योग्यता और परिश्रम देखकर उसे कॉलेज की पत्रिका का छात्र संपादक बनाया गया और उसके प्राध्यापकों ने ही अपने बच्चों को पढ़ाने का कार्य देकर उसका आर्थिक सहयोग भी कर दिया। स्नातक द्वितीय वर्ष की परीक्षा उत्तीर्ण करने से पूर्व ही वह बैंक क्लर्क की परीक्षा में चुन लिया गया। पढ़ाई छोड़कर नौकरी करने का उसका मन नहीं था। मैंने उसे सुझाव दिया और उसने नौकरी कर ली। नियमित पढ़ाई छूट गई, किंतु प्रेरणा बनी रही। मैंने भी जीवन में कभी तृतीय श्रेणी में कोई परीक्षा उत्तीर्ण नहीं की। नरेश ने भी पूर्ण प्रेरणा ली। उसने भी बी.कॉम. किया, एम.कॉम. किया। प्रोबेशनरी ऑफीसर की परीक्षा पास की और ब्रांच मैनेजर के पद

तक पहुँच गया। होम्योपैथी में भी डिग्री प्राप्त की तथा घर पर प्रैक्टिस भी करने लगा तो भी निरंतर पढ़ने की प्रेरणा ध्यान में रखकर उसने छह वर्ष लगातार पढ़ाई करके गृहस्थ और बैंक की पूर्ण जिम्मेदारी सँभालते हुए कंपनी सेक्रेटरी की परीक्षा में सफलता प्राप्त कर ली।

एक और परिवार का जिक्र करना आवश्यक समझता हूँ। आवश्यक इसलिए कि जब तक तुलना न हो तब तक बालक भी अच्छे-बुरे की पहचान कैसे करेंगे। इस परिवार में माता-पिता और दो बच्चे थे—एक लड़की एक लड़का। परिवार में माता-पिता ने नौकरी के साथ छोटे-छोटे परिश्रम के कार्य करके अपनी आमदनी बढ़ाई और अपने बच्चों को धनाढ्य तथा इज्जतदार बनाने में जुट गए। जिस विद्यालय में पिता कार्य करते थे उसीमें बच्चे पढ़ते थे। अतः पिता बच्चों से साथियों के बारे में कभी-कभी चर्चा कर लेते थे। यह भी प्रायः कहा करते कि मेहनती के साथ चालाक होना भी जरूरी है। पैसे के बिना घरवाले भी नहीं पूछते। धन से आजकल सब काम होते हैं, आदि। बीच-बीच में किसी काम में बेटा चालाकी दिखाता तो खुश होते। कहते, 'आखिर बेटा किसका है!' कोई गलती करता तो पत्नी को डाँटते—'तुम उसकी तरफदारी करती हो। यह मूर्खता बालक या बालिका ने तुम्हारे कारण ही की।' किसी भी छोटी सी बात पर पत्नी को डाँटने-फटकारने तथा भला-बुरा कहने में उन्हें गौरव सा अनुभव होता।

एक बार उन्होंने किसी कारण से पढ़ाई छुड़वाकर दुकान करवा दी। वस्तुतः पढ़ते हुए भी वह दुकानों पर कुछ सामान सप्लाई करने भेजा जाता था। पैसे से उसे प्यार था। पैसे का महत्त्व उसे घिस-घिसकर पिला दिया गया था। मौका पाते ही उसकी प्रतिभा खिली और वह दुकानदार बन गया। सच तो यह था कि उसने अंदर से छोटे दुकानदार नहीं देखे थे। धीरे-धीरे उसके मन में रातोरात अमीर बनने की चाह जागी। उसने दुकान तोड़कर बनवाई। कुछ मास कारोबार बंद हो गया। फिर भी उसे धनाभाव ही रहा तो उसने वह सामान किसी अन्य को

बेच दिया। फिर भी उसे धन चाहिए था; क्योंकि उसने नए सिरे से कार्य शुरू किया। टी.वी., रेडियो, पंखा, घड़ी आदि खरीदने में अधिक धन चाहिए था।

उसने उधार से काम शुरू किया। इसके बाद उसने चिटफंड खोला। चिटफंड में दुकानदारों को सदस्य बनाया। जानकारों, रिश्तेदारों को भी बहकाकर सदस्य बनाया। उसने सोचा कि अपने नाम कुछ लाख रुपए लेकर चिटफंड फेल कर देंगे। लाखों रुपए से अपना कारोबार चलने नहीं, दौड़ने लगेगा। कहीं शराब पीकर बहक गए और योजना का भंडाफोड़ हो गया। अपने ही एक खास व्यक्ति ने दो लाख रुपए मार लिये। अब चिटफंड भी बंद न कर पाए और दूसरों के दबाव में उनके पैसे भी भरने पड़े। उधार लेना चलता रहा, चुकाना बंद हो गया। दुकान का माल घटता रहा। पैसा नौकरों और शाही ठाट में खर्च हो गया। दुकानों की अदला-बदली की, काम में फेर-बदल किया; परंतु गाड़ी पटरी से उतर चुकी थी। विरासत में मिला ताऊजी का मकान बेच दिया। अपना आधा बेच दिया। दबाव में दुकान भी उधार चुकाने में बिक गई। घर में पत्नी के द्वारा दुकान खुलवाई तो भी मन-मस्तिष्क पर भारी बोझ बना रहा।

मैं एक दिन उनके घर गया तो पता चला कि जवानी में ही उस लड़के को दिल का दौरा पड़ गया। सुनकर भारी दुःख हुआ। दुःख तो होना ही था। मेरा विद्यार्थी, मेरा संबंधी, मेरा प्रिय इस अवस्था को पहुँच गया। मैं उसको भला आदमी बनाना चाहता था। मैं उसके परिवार को वास्तव में उन्नत करना चाहता था। उसे ही नहीं, उसकी पत्नी को भी मैंने घंटों (बिना धन लिये) पढ़ाया। उसको छोटा-मोटा आर्थिक सहयोग का काम भी दिलाया।

वह घर के विषाक्त वातावरण से तंग आकर जब आत्महत्या की हद तक निराश हो जाती थी तब तरह-तरह से ढाढ़स, साहस और उपदेश देकर घर को बिगड़ने से बचाया। स्वयं ब्याज पर धन लेकर

उसको दिया, जो अपने घरवालों के भारी दबाव के बावजूद मैं उसके पास माँगने नहीं गया। फिर भी उसकी यह दशा हुई तो केवल दुःख ही नहीं, भारी चिंता का विषय हो गया। निष्कर्ष यही निकला, उसकी प्रेरणा गलत थी। उसने शुरू से धन के महत्त्व की बात समझ ली।

पिता के साथ चर्चा करके उसने स्वयं को समझदार एवं चालाक समझ लिया और सबको मूर्ख मान लिया, विशेषकर धन के मामले में। वह जब भी बात करता था तो यहीं से प्रारंभ करता, 'चाचाजी, आप नहीं जानते, लोग कैसे हैं। चाचाजी, आपको क्या पता व्यापार में, लेन-देन में ऐसा करना ही पड़ता है।' आदि। वास्तव में मैं उनमें से अनेक बातें नहीं जानता, परंतु उन्हें जानना आवश्यक भी नहीं समझता। सच तो यह है कि कौन खराबं है? कौन दोषी है? कौन चालाक है? कौन बेईमान है या कौन अभिमानी? उससे आगे बढ़ना या उसे हराकर अपना प्रभुत्व जमाने की इच्छा ही मेरे मन में उत्पन्न नहीं होती। मैं क्यों यह सब जानूँ और तनाव पालूँ? मुझे क्या आवश्यकता है यह जानने की कि किसी आदमी ने धन किन-किन हथकंडों से, किस-किस धोखाधड़ी या बेईमानी से कमाया है?

संगति से प्रेरणा ली जाती है अथवा बिना लिये ही मिलती रहती है; परंतु कभी-कभी स्पर्धा की भावना भी प्रेरणा का स्रोत बन जाती है। डी.ए.वी. सीनियर सेकेंडरी विद्यालय के एक माननीय प्रधानाचार्य हैं। उनका नाम मैं नहीं लेना चाहता। काम चलाने के लिए हम 'महेंद्र' नाम रख लेते हैं। जब वे नौवीं के छात्र थे तो संघ शाखा में जाते थे। उनकी शाखा में एक बढ़िया टीम थी। सभी अच्छे खिलाड़ी। उनमें से चार-पाँच को प्राथमिक वर्ग के लिए भेजा जा रहा था। महेंद्रजी को मंडल कार्यवाह चोपड़ाजी ने ले जाने से मना कर दिया। महेंद्र ने मुझसे कहा, "वे चार जाते हैं तो मैं भी अवश्य जाऊँगा। चोपड़ाजी मुझे क्यों रोक रहे हैं? मुझमें क्या कमी है?"

मुझे भी लगा, वास्तव में महेंद्र को रोकना न्याय नहीं है। अतः मैं

वाजपेयीजी के पास गया। चोपड़ाजी उन्हें कारण बता चुके थे। उन्होंने कहा, ''महेंद्र शरारती है, बदले की भावना रखनेवाला है। वहाँ हमारे मंडल की बदनामी का कारण बन सकता है।''

मुझे लगा कि यह सब पूर्वानुमान है। मैंने वाजपेयीजी से कहा, ''महेंद्र को मैं समझा दूँगा। वह किसी भी प्रकार की शरारत नहीं करेगा। मैं उसकी पूरी जिम्मेदारी लेता हूँ।''

मेरे आग्रह पर उसे अनुमति मिल गई। उसकी स्पर्धा की भावना ही भविष्य के लिए प्रेरणा सिद्ध हुई। वह प्राथमिक वर्ग में शारीरिक कार्यक्रमों में प्रथम रहा। सच तो यह है कि उसके कारण हर खेल प्रतियोगिता में अपना मंडल विजयी रहा। यहीं से उसका भावी जीवन सँवर गया। उसकी मित्रता संभ्रांत परिवार के बालकों से हो गई। उसकी दृष्टि परिवार के स्तर से कहीं दूर, कहीं उन्नत पथ को निहारने लगी। फिर तो उसने अपनी आगे की पूरी पढ़ाई के लिए कभी घर से धन नहीं माँगा। अपने परिचय से ही ट्यूशन करके अपनी पढ़ाई करता गया। संघ शिक्षा वर्ग में भी निरंतर प्रथम, द्वितीय, तृतीय वर्ष कर लिये तथा विस्तारक, प्रचारक तक कार्य सँभाला। बढ़िया-से-बढ़िया कॉलेजों में पढ़ाया। देश-विदेशों में शिक्षक रहे और अब प्रधानाचार्य हैं। स्पर्धा में किसीसे पीछे कभी नहीं रहना, हार नहीं मानना ही उनके लिए भारी प्रेरणा का स्रोत हो गए।

फिर भी प्रेरणा कोई जादू का चिराग नहीं कि मात्र प्रेरणा से सबकुछ हो जाए। प्रेरणा के साथ-साथ मन की एकाग्रता, दृढ़ता, साहस, धैर्य और संगति, सभी पर निर्भर करता है कि व्यक्ति उन्नति की ओर किस गति से बढ़ता है। प्रेरणा के लिए वातावरण का बहुत बड़ा योगदान है। कुछ व्यक्ति ऐसे हो सकते हैं जो प्रतिकूल परिस्थितियों में भी लक्ष्य-प्राप्ति की ओर बढ़ सकते हैं; परंतु यह सबके वश की बात नहीं। अधिक प्रतिशत बालकों के लिए वातावरण का भारी महत्त्व होता है। कई बार धनी या साधन-संपन्न व्यक्ति अपने बालकों को सही प्रेरणा

नहीं दे पाते; क्योंकि एक तो उनके पास समय का अभाव रहता है, दूसरे बिना परिश्रम या कम परिश्रम से अधिक साधन प्राप्त हो जाने पर बालक का स्वयं निर्णय लेने का साहस नहीं होता। परिश्रम के अतिरिक्त वह हर समस्या का हल मात्र धन से ही कर लेना चाहता है। अधिक सोचने-विचारने तथा धैर्य रखने के लिए तैयार नहीं होता। अनुभव प्राप्त करने के लिए वह जानकार से सलाह भी नहीं लेना चाहता। सफल व्यापारी, सफल डॉक्टर या सफल इंजीनियर बनने की प्रेरणा काफी नहीं। हमें एक सफल इनसान बनना है। हमें नैतिक मूल्यों को सीखना और अभ्यास करके उनपर चलना है।

सरल साधन यह है कि किसी बालक को यदि शिक्षक या अभिभावक प्रेरणा देना चाहते हैं तो जिस दिशा में बढ़ना चाहते हैं, बालक के मन में वैसी रुचि भी उत्पन्न करें। उसके पश्चात् साधन और वातावरण बनाएँ, फिर उस प्रकार का आदर्श सामने रख दें। आदर्श के प्रति भारी आस्था उत्पन्न करें। वे भी पहले यह देख लें कि बालक की अपनी शारीरिक, बौद्धिक एवं मानसिक शक्तियाँ भी क्या लक्ष्य की ओर बढ़ने में सक्षम होंगी। एक मंद बुद्धि बालक को डॉक्टर बनने की या एक दुर्बल बालक को पहलवान बनने की प्रेरणा देना या भयभीत बालक को विमान चालक बनने के लिए प्रेरित करना ठीक नहीं है। असाधारण व्यक्तियों में इसका अपवाद भी हो सकता है। उदाहरण के लिए, सूर्यकांत त्रिपाठी 'निराला' जब छात्र थे तो एक मित्र ने उनकी पिटाई कर दी। तब वे काफी निर्बल थे। उनके मन में प्रेरणा हुई कि मैं भी व्यायाम करूँगा, पहलवान बनूँगा और बदला लूँगा। दो वर्ष बड़े मनोयोग से व्यायाम पर ध्यान दिया। एक दिन वही बालक सड़क पर मिला तो उसे पकड़ लिया। उसने बहुत पूछा कि क्या बात है? उसे पीट लिया, तब बताया। बाद में दोनों मित्र बन गए।

इसी प्रकार, प्रसिद्ध महिला वैज्ञानिक डॉ. चंद्रा बचपन में ऐसी विकलांग थीं कि उनका केवल सिर हिल सकता था। उनकी माँ ने

निश्चय किया कि मैं अपनी बेटी का इलाज कराऊँगी तथा पढ़ाऊँगी। माँ बेटी को व्हील चेयर पर बिठाकर स्कूल के अलग-अलग कमरों में ले जातीं। काम करवातीं, पाठ याद करवातीं। अंत में वह प्राणि विज्ञान में डॉक्टरेट करके डॉ. चंद्रा बनीं और आज भी सतत कार्य कर रही हैं। माता-पिता यदि सही प्रेरणा जगा दें तो क़ाम आसान हो जाता है।

□

बालकों के लिए सीख

माता-पिता बालकों का भला चाहते हैं, इसमें संदेह नहीं। फिर भी यह आवश्यक नहीं कि सभी माता-पिता जानते हों कि उनकी संतान का भला किस प्रकार होगा। न तो सभी बाल-मनोविज्ञान से परिचित हैं और न सभी स्वास्थ्य विज्ञान के ज्ञाता। अत: जिसे जो कुछ मालूम है, अथवा नहीं भी मालूम है, बच्चों पर वह अपनी सीख का बोझ लादना अपना अधिकार समझते हैं। कई बार तो माता-पिता की यह सीख इतनी भारी-भरकम हो जाती है कि बालक के व्यक्तित्व का विकास ही रुक जाता है। बालक माता-पिता से प्यार पाने की इच्छा रखता है। वह उनका भरपूर सम्मान भी करना चाहता है; परंतु कुछ काम अपनी इच्छा से, स्वतंत्रता से करना चाहता है, कुछ तजुरबे और कुछ गलतियाँ करके सीखना चाहता है। यह एक स्वतंत्र व्यक्तित्व के विकास के लिए आवश्यक है। जैसे कोई कवि या कहानीकार नई रचना करके आत्म-संतुष्टि का अनुभव करता है, इसी प्रकार बालक भी तब बहुत प्रसन्न होता है जब वह स्वयं के प्रयोग से कुछ नया करके सीखता है। माता-पिता को सीखने-समझने की इस प्रक्रिया में बालक को निरंतर सहयोग देना चाहिए।

माता-पिता को सदा यह ध्यान रखना चाहिए कि जीवन एक संघर्ष है। सभी को अपना यह संघर्ष स्वयं लड़ना है। कोई माता-पिता कुछ सोचकर बालक को हर समस्या का हल कभी नहीं दे सकते। यदि

वे ऐसा करते हैं तो इसमें संदेह नहीं कि वे बालक के शत्रु हैं। ऐसे माता-पिता स्वयं ही अपने बालकों को पंगु बना रहे हैं। उन्हें भविष्य के संघर्ष से निबटने के लिए सक्षम नहीं कर रहे अपितु उन्हें भीरु बना रहे हैं। काश, वे जान पाते कि वे ऐसा कुकर्म कर रहे हैं जिसका परिणाम उनकी इच्छा के विपरीत होगा। वे बालक का अत्यधिक कल्याण चाहते हैं, परंतु अत्यधिक हानि ही कर रहे हैं, जिसके लिए वे स्वयं उत्तरदायी हैं। वे अपनी संतान के भविष्य में पराजय को सुनिश्चित कर रहे हैं। उन्हें नहीं पता कि बालक अपनी सूझबूझ से जीवन में अधिक रस ले सकता है। हार से भी वह कुछ नया सीखता है। हारकर भी निराश न होना भी उसे स्वयं ही आता है। पर जो माता-पिता सीख देना और धमकाना अपना जन्मसिद्ध अधिकार मानकर उसपर सदा हावी रहते हैं वे अपनी संतान को स्वयं ही गुलामी की ओर अग्रसर करते हैं।

एक उदाहरण से आप समझ सकेंगे। श्रीमान परमार एक सरकारी अधिकारी के पी.ए. थे। वन विभाग के अपने समस्त कर्मचारियों पर रोब डालकर उनसे काम करवाने की उनकी आदत बन गई। बाल-बच्चे गाँव में रहते थे। माँ बच्चों को डराकर रखती। घर आते तो भी बच्चों पर अफसर जैसा ही रोब बनाए रखते। रिश्तेदारों पर भी वे ऐसा ही प्रभाव बनाए रखना चाहते। इस प्रकार उनके अहम् की संतुष्टि होती। बालक बड़े हो गए; परंतु उन्होंने अपने जीवन में स्वयं निर्णय लेने का अधिकार खो दिया। परमार साहब निर्णय का अधिकार अपनी धर्मपत्नी को भी नहीं दते थे। जो उन्होंने कह दिया वही होगा। उनके निर्णय के विरुद्ध जाने की परिवार के सदस्य कल्पना भी नहीं कर सकते।

उन्होंने अपनी पसंद से बड़े लड़के का विवाह कर दिया। कोई उन्हें नहीं समझा पाया कि आपका सब रोब नौकरी के कारण ही है। अपने पुत्र का विवाह आप बिना नौकरी क्यों कर रहे हैं? लड़कीवालों ने आनाकानी की तो उनको भी सब्जबाग दिखा दिए, 'मेरा लड़का

बहुत मेहनती है। आई.ए.एस. की प्राथमिक परीक्षा तो पास कर चुका। आठ घंटे पढ़ता है। कोचिंग सेंटर चलाता है। इस वर्ष आई.ए.एस. कर लेगा। छोटी-मोटी नौकरी से तो गुजारा ही नहीं होता। सीधा अफसर बनेगा।'

लड़के को ससुर ने बी.एड. का फॉर्म भरवा दिया। जब प्रवेश के लिए शुल्क जमा करने की सूचना मिली तो लड़के को खूब डाँटा कि तुमने बिना मेरी आज्ञा के बी.एड. के फॉर्म पर हस्ताक्षर कैसे कर दिए? अवसर चला गया। न कोचिंग सेंटर चला और न नौकरी लगी। पुत्रवधू एम.ए., बी.एड. थी। पिता ने कहीं अध्यापिका पद हेतु बात करके इंटरव्यू (साक्षात्कार) की सूचना भिजवा दी। समय निकल गया। उसे इंटरव्यू में भेजा ही नहीं गया। बहू को नौकरी कराने का या न कराने का निर्णय मैं करूँगा, वे स्वयं नहीं। सरकारी नौकरी के लिए टेस्ट में नंबर आया तो भी उसे नौकरी नहीं करने दी। अपनी बेटी नौकरी कर रही है। लड़का-बहू बाल-बच्चेदार हैं, पढ़े-लिखे हैं; परंतु पंगु हैं। पंगु कर दिए गए हैं। अपने जीवन में वे पूर्ण असफल हैं। परमार साहब सेवानिवृत्त हो गए हैं। किसी भी लड़की का विवाह नहीं किया। करें कैसे? उन्हें सब अपने से छोटे और मूर्ख दिखाई देते हैं। अब छोटे लड़के को आई.ए.एस. बनाने पर अड़े हैं। ऐसी परीक्षाएँ मात्र इच्छा पर नहीं, उसके पीछे व्यक्तिगत प्रयत्न, घर के वातावरण और भाग्य पर निर्भर करती हैं। निष्कर्ष यह कि जो माता-पिता बाल-बच्चेदार संतान को भी स्वयं निर्णय लेने का अधिकार नहीं देते, वे अपने हाथों से अपनी संतान के भविष्य पर कालिख पोत रहे हैं। उनके बाद संतान का मार्गदर्शन कौन करेगा? इसपर उन्होंने कभी नहीं सोचा।

संतान के व्यक्तित्व के विकास का दायित्व माता-पिता पर है। वातावरण में माँ-बाप के अतिरिक्त परिवार के सदस्य, संबंधी, मित्र वर्ग एवं पड़ोसी सभी सम्मिलित हैं। उनके व्यक्तित्व का विकास कैसे होगा जिन बच्चों का कोई मित्र नहीं? वे किसी मित्र के घर नहीं जाते, कोई

उनके घर नहीं आता। पड़ोसी के घर भी आना-जाना विधिवत् नहीं। संबंधियों को भी अपने घर आने से रोक दिया जाता है। बच्चों को भी संबंधियों के घर जाने की आज्ञा नहीं। घर में कुछ भी स्वयं सोचकर निर्णय लेने का अधिकार नहीं। उनका जीवन तनावों, असफलताओं और निराशाओं से भरा क्यों नहीं होगा? वे जीवन की समस्याओं का सामना करने में बिना सहारा पाए कभी सफल नहीं होंगे। सहारा भी वे कैसे पाएँगे, जिन्हें माँ-बाप ने किसी पर भरोसा करना ही नहीं सिखाया। वे किसी पर विश्वास ही नहीं करते। किसीको अपने से अधिक विवेकी नहीं मानते। यह उन्हें सिखाया ही नहीं गया कि संसार में अच्छे और विश्वसनीय लोग भी हैं। सभी ठग या धोखेबाज नहीं हैं। पिता का व्यक्तित्व बालकों पर इस कदर हावी है कि वे स्वतंत्र सोचने योग्य ही नहीं रहे। पिता उन्हें आत्मनिर्भर होने के लिए प्रेरित ही नहीं करते। वे उन्हें अपने जीवन में आगे बढ़ने नहीं देते। पढ़वाना चाहते हैं, परंतु प्रशिक्षण लेने नहीं देते। उससे कमाने की अपेक्षा तो रखते हैं, परंतु किसी तरह की तैयारी का समय नहीं देते। वे अपनी संतान के पाँवों पर स्वयं कुल्हाड़ी मार रहे हैं। वे जाने-अनजाने अपनी संतान के शत्रु ही हैं।

अब प्रश्न उठता है कि बालकों को सीख कैसे दी जाए? कब दी जाए और क्या सिखाया जाए? सबसे पहली बात तो यह है कि खाना भी आदमी को तब दिया जाना चाहिए जब उसे भूख लगी हो। किसी वस्तु का ज्ञान भी तब दिया जाना चाहिए जब उसकी जानने की इच्छा हो। इसी प्रकार बालकों को सीख तभी दी जानी चाहिए जब वे मन से सीखने के लिए तैयार हों। हम कह सकते हैं कि किसी बालक को सीख देने से पूर्व सीखने के लिए मानसिक रूप से तैयार कर लिया जाना आवश्यक है।

सीखने के लिए बालक को तीन आधार चाहिए। पहला, उसकी शारीरिक चेष्टाएँ एवं प्रतिक्रियाएँ। बालक की भावना जैसी है वह उसीके अनुकूल क्रियाएँ जल्दी सीखता है। उदाहरण के लिए, एक

बालक में भूख, प्यास या स्वाद की वृत्ति अधिक है तो वह तत्संबंधी बातों की जानकारी में अधिक रुचि लेगा; दूसरा बालक खेलकूद, सैर-सपाटे आदि में रुचि रखता है तो वह खेल संबंधी चर्चा सुनना तथा उसके विषय की बात ध्यान से सुनेगा; तीसरा बालक मननशील है तो उसे अच्छी-अच्छी पुस्तकें पढ़ने की, कवियों-साहित्यकारों के व्यक्तिगत जीवन आदि की जानकारी रुचिकर लगेगी। इस प्रकार बालक की रुचि का अध्ययन करके उसे उसी प्रकार का आधार देते हुए सीख दी जानी चाहिए।

दूसरा आधार है बालक में शारीरिक विकास की भीतरी क्रिया। इनको ध्यान में रखकर आवश्यकता के अनुकूल शिक्षा देना एक सबल आधार है। अर्थात् शरीर को जिस प्रकार की क्रिया की अनुभूति हो रही है। समय के अनुकूल बालक को उस प्रक्रिया की समुचित सीख दी जानी अपेक्षित है। इसीको अंग्रेजी में 'Biological Clock' कहा जाता है। यद्यपि शरीर में होनेवाले विकासात्मक परिवर्तनों को पता लगाने के लिए कोई यंत्र नहीं बना है, तथापि अनुंभवी शिक्षक एवं समझदार माता-पिता इनपर निगाह रखते हैं। वे यह अनुभव कर लेते हैं कि बालक प्रात: शीघ्र उठकर याद करता है तो उसे जल्दी याद होता है या रात को शांतिपूर्वक याद करता है तो उसे शीघ्र याद होता है। उसकी शारीरिक अनुकूलता और क्षमता को ध्यान में रखकर ही उसको सिखाया जाना चाहिए।

तीसरा आधार हम वातावरण को मानते हैं। जैसा वातावरण बालक को उपलब्ध होता है उसके अनुसार ही वह सीखता है। घर में जगह कितनी है? भाई-बहन कितने हैं? माता-पिता को बच्चों के साथ कितना समय बिताने को मिलता है? माता-पिता के आपसी संबंध प्रेमपूर्ण हैं या तनावपूर्ण? वे बात-बात पर लड़ते हैं तो वातावरण में तनाव व्याप्त हो जाता है। भाई-बहन परस्पर लड़ते हैं या नहीं? माँ-बाप लड़के-लड़की में भेदभाव रखते हैं या नहीं? पास-पड़ोस कैसा

है? पड़ोसियों से बातचीत, व्यवहार या लेने-देने पर झगड़ा तो नहीं होता? आसपास मित्र कैसे हैं, उनका स्वभाव कैसा है? यही सबकुछ वातावरण है, जिसमें परिवर्तन नहीं किया जा सकता। केवल उसे समझकर समयानुकूल बालक को सीख देने में उपयोग किया जा सकता है। उसको आधार बनाकर सीख की प्रक्रिया को विकसित किया जा सकता है। माता-पिता इन आधारों को समय पर सीखेंगे तथा बालक को सिखाएँगे तो अवश्य लाभ होगा। कई माता-पिता बच्चे को स्कूल का डर दिखा देते हैं। जैसे बच्चा खाना नहीं खा रहा तो कहते हैं, 'खाना खा ले, नहीं तो अभी स्कूल भेज देंगे।' 'देखो जी, ये दूध नहीं पीता। जरा इसे स्कूल छोड़ आओ।' इस प्रकार बालक विद्यालय को जेल समझने लगता है।

कभी-कभी बच्चा सोता नहीं है तो कहते हैं, 'सो जा, नहीं तो अभी मास्टरजी आकर डंडे से पिटाई करेंगे।' ऐसे वाक्यों से बालक के मन में शिक्षक ही जल्लाद की तसवीर बन जाता है। ऐसे बालकों के मन में शिक्षक के प्रति कभी श्रद्धा का भाव जाग्रत नहीं होता। अतः वह सीख भी नहीं सकता। कहा गया है, 'श्रद्धावान् लभते ज्ञानम्'। जी हाँ, सिखानेवाले के प्रति श्रद्धा के अभाव में बालक सीख ही नहीं सकता। यदि हम कहेंगे कि यह अक्षर 'ग' है तो वह कहेगा यह तो 'म' है। वह तो तभी सीख सकता है जब जैसा सिखानेवाला बताए वैसा ही श्रद्धापूर्वक माने।

माता-पिता और शिक्षकों का कर्तव्य है कि वे सर्वप्रथम श्रद्धा एवं आदर की भावना बालकों में उत्पन्न करें। इसके साथ ही बालक की सृजनात्मक शक्ति का विकास करें। सृजनात्मक शक्ति सब बालकों में समान नहीं होती; परंतु किसी-न-किसी रूप में होती सभी में है। माता-पिता एवं शिक्षक अपनी योग्यता एवं समझदारी से बालक की इस शक्ति का विकास भी कर सकते हैं और अपनी नासमझी से इसका विनाश भी कर सकते हैं। सृजनात्मक शक्ति का बचपन में ही विनाश

हो जाए तो व्यक्ति समाज के लिए घातक बन जाता है।

सृजनात्मकता का विकास कैसे करें, इससे पूर्व यह जान लें कि इसकी पहचान क्या है? सृजनात्मकता की पहचान बहुत सरल है। बच्चे को कोई कार्य सौंपकर अलग हो जाइए। उसे अपने तरीके से, अपनी बुद्धि से, अपनी कुशलता से करने दीजिए। अलग होकर उसकी तन्मयता, कार्य-कुशलता, रुचि और क्षमता का अवलोकन कीजिए। यह एक-दो दिन का काम नहीं, महीनों में जाकर ठीक पता लगता है। बिना तंग (बोर) हुए यदि बालक/बालिका रुचिपूर्वक एक कार्य में घंटों लगा रहता/रहती है तो आप समझ लीजिए कि उसमें कुछ सृजनात्मक शक्ति है। वह कुछ परिणाम निकालना चाहता है।

कविता और ममता दोनों बहनों में यह सृजनात्मकता पहचानी और विकसित की गई। अपनी चित्रकारिता में बिना बोले घंटों लगे रहना और कुछ परिणाम निकालना उनकी आदत थी। परिस्थितियों ने उन्हें चित्रकार नहीं बनने दिया। अवसर एवं वातावरण का अभाव रहा तो भी उनकी सृजनात्मकता ने उनकी कला को भीतर जीवित रखा। चित्रकला की ललित कला से वे उपयोगी कला की दिशा में बढ़ गईं।

सृजनात्मकता को पहचानकर विकसित तो किया जा सकता है, परंतु इसके अभाव में जबरन किसी काम में बालक को घंटों लगाए रखने से सृजनात्मक कला प्रवेश नहीं करवाई जा सकती। माता-पिता रुचि का विकास कर सकते हैं, रुचि को जबरन उत्पन्न नहीं किया जा सकता। ऐसा भी नहीं कि घंटों क्रिकेट में लगे रहनेवाले सभी बालक कपिल देव या सचिन तेंदुलकर बन जाएँ। चोटी के खिलाड़ी, चोटी के पहलवान, चोटी के चित्रकार, संगीतकार या कवि बनने के लिए अपनी शक्तियों के विकास के साथ-साथ कुछ सामाजिक सहयोग और भाग्य की भी सहायता होती है। इसका अर्थ यह भी नहीं कि प्रयास नहीं करना चाहिए। परिश्रम और लगन पहले है, भाग्य बाद में। जो नेता चुनाव में जीत जाते हैं, वे सभी बहुत योग्य हैं या परिश्रमी हैं तथा जो

हार जाएँ वे निकम्मे हैं, ऐसी धारणा गलत है। ईमानदारी, परिश्रम, कार्य-कुशलता एक जैसी होने पर भी कभी कोई जीत जाता है, कभी हार जाता है। सामने मुकाबले पर कौन है, कितने हैं, मुद्दे क्या हैं, हवा कैसी है, आदि अनेक बातों के बावजूद भाग्य भी हार-जीत का कारण बनता है।

दूसरा प्रश्न उठता है बच्चों को माता-पिता कब सिखाएँ? आजकल वास्तव में परिवारों के लिए यह बड़ी समस्या है। उनके पास समय का अभाव है। सुबह बच्चे देर से उठते हैं। पिताजी जल्दी उठकर बस पकड़ते हैं। रात को बच्चे सो जाते हैं तब उनका आना होता है। कुछ माँ-बाप तो केवल रविवार को ही अपने बच्चों को मिल पाते हैं। जो पति-पत्नी दोनों नौकरी करते हैं उनकी तो दशा और भी खराब है।

अब यह समाधान तो हमें स्वयं ही करना होगा। कोई किसी अन्य को उपाय नहीं सुझा सकता। अपने आप ही रास्ता निकालना पड़ेगा। माता-पिता को बच्चों के लिए समय निकालना ही पड़ेगा। यदि खाना खाने का एक समय निश्चित कर दिया जाए और सभी एक ही जगह बैठकर खाना खाएँ तो आपस में एक अच्छी चर्चा हो सकती है। स्वाद, रुचि, पसंद और बनाने की विधि से वार्त्तालाप शुरू किया जा सकता है। कल के भोजन के लिए माता-पिता बच्चों से सुझाव ले सकते हैं। कभी-कभी छुट्टी के दिन खाना खाने कहीं बाहर जा सकते हैं। कभी किसी मित्र या मित्र परिवार को निमंत्रित कर सकते हैं। साथ-साथ किसी वाटिका, नहर, नदी, मंदिर, आश्रम आदि जगह पर मिलकर जाने या मिलकर खाने के अवसर खोले जा सकते हैं। दूसरों से कैसे व्यवहार करना चाहिए, यह सिखाया जा सकता है। केवल अपने आदर्श व्यवहार से भी शिक्षा दी जा सकती है, शब्दों की आवश्यकता ही संभवतः न हो।

रात को सोने से पूर्व कभी-कभी कथा-कहानी कहने की प्रथा को फिर से जीवित करना चाहिए। पहले तो गाँव में पूरे मोहल्ले को बुजुर्ग

एक साथ लंबी कहानियाँ सुनाया करते थे। अब माता-पिताजी यदि अपने बच्चों को सोते समय कोई शिक्षाप्रद कहानी सुना दें तो बालक-बालिकाओं को संस्कारित कर सकते हैं। कभी देर तक पढ़ाई करते समय बीच-बीच में अच्छे चुटकुले सुनाए जा सकते हैं। ध्यान रहे कि वे अश्लील न हों। हास्य रस की कविताओं का भी उपयोग कर सकते हैं। माता-पिता घर में संगीत का वातावरण भी बना सकते हैं।

एक परिवार पिछले दिनों संपर्क में आया। गणतंत्र दिवस पर भारत माता की पूजा का एक बड़ा समारोह आयोजित किया गया। सेवा बस्तियों की छात्राओं तथा बालकों ने सांस्कृतिक कार्यक्रम तैयार किए। एक माँ अपने बेटे और बेटी को लेकर मेरे पास आई। उसने अपने बच्चों की कार्यक्रम में भाग लेने की इच्छा प्रकट की। उसने मुझे बड़े आग्रहपूर्वक घर बुलाया। उसने बच्चों की संगीत शिक्षिका को भी घर पर बुला रखा था। वह महिला स्वयं अच्छा गा लेती थी। बिटिया ने भी चार गीत सुनाए। कोई भी गीत प्रभावी नहीं था; परंतु महिला का भारी आग्रह था कि उसकी पुत्री को मंच पर अवश्य अवसर दिया जाए। उन्होंने अपने छोटे बेटे को शक्तिमान की ड्रेस बनवाकर उसके संवाद भी यथावत् याद करवाए थे। मैंने उसे मंचीय कार्यक्रम में सम्मिलित करने की स्वीकृति दे दी। महिला संतुष्ट नहीं हुई। तीन दिन लगातार वह आग्रह करती रही। महिला मंडल की मंत्री श्रीमती वीना महतोजी से भी दबाव डलवाया। तो मैंने एक कार्यक्रम चुना, जिसमें गीत उस महिला ने और संगीत शिक्षिका ने प्रस्तुत किया और उस बालिका ने नृत्य किया। भाव यह है कि जो माता-पिता अपने बच्चों की प्रतिभा को विकसित करने के लिए इतने प्रयत्नशील रहते हैं, उनके बच्चे तो आगे बढ़ ही जाते हैं। शिक्षकों के प्रयत्न बाद में आते हैं। पहले यदि माता-पिता अपने बालकों के साथ प्रेम से बात करेंगे, खेलेंगे, खाएँगे, सब बातें क्रोध से या गाली-गलौज से नहीं, प्रेमपूर्वक समझाएँगे तो वे बच्चों को अच्छी दिशा में अग्रसर कर सकते हैं। शिक्षकों को भी बच्चों

के विषय में सलाह दे सकते हैं। सच तो यह है कि माता-पिता को अपने बच्चों का मित्र बनना चाहिए। मित्रवत् खुले मन से उनकी समस्याओं को जानना, समझना और उनका समाधान करना चाहिए। बालकों को सीख देने का यही सर्वोत्तम उपाय है।

अंतिम चरण यह है कि बालक-बालिकाओं को क्या सीख दी जाय? यह तो हमने समझ लिया कि उन्हें कब शिक्षा दें? कैसे सिखाएँ? अब प्रश्न है कि क्या सिखाएँ?

सीख तो सभी माँ-बाप देते हैं; किंतु इसपर उन्होंने कभी विचार नहीं किया कि हम उन्हें क्या सिखा रहे हैं? जो हम सिखा रहे हैं वह उनको क्या लाभ पहुँचाएगा? उनकी उन्नति किस दिशा में होगी? बहुत सी माताएँ बालकों एवं बालिकाओं को बड़े प्रेम से यह सिखाती हैं कि अपनी चीज किसीको मत देना। पहले बच्चे को खिलौना या पैसे (या कुछ भी वस्तु) देकर फिर उससे माँगेंगी। यदि बच्चा नहीं देता तो बहुत खुश होंगी। किसी दूसरे से कहेंगी, 'जरा माँगना तो।' बच्चा यदि पुनः इनकार कर दे या हाथ खींच ले तो उसकी भारी प्रशंसा करेंगी, 'देखा, बहुत चालाक है। मजाल है, जो कोई इसके हाथ से चीज ले ले। जबरदस्ती ले लो तो रोएगा, हाथ-पाँव पटकेगा, हल्ला मचाएगा, एक-तीन करेगा।' बच्चा समझ लेता है, मेरी माँ प्रसन्न है। मैं ठीक कर रहा हूँ। मुझे ऐसा ही करना चाहिए। ऐसा करना उसकी आदत बन जाती है। अनजाने ही वह किसीको कुछ न देने की सीख ग्रहण कर लेता है।

कभी-कभी किसीको चिढ़ाना, किसीकी नकल उतारना आदि साधारण शरारतें बच्चे सीख जाते हैं तो माता-पिता दूसरों के सामने बार-बार उसे ऐसा करने के लिए प्रोत्साहित करते हैं, 'रूपल, चाचा की नाक कैसी है? बता दे, बता दे।'

'रूपल, तेरा मामा कैसे खाँसता है? खाँस के बताना, बेटा।' और स्वयं खाँसने का अभिनय करते हैं।

'रूपल, नानी का मुँह कैसा है?' आदि बातें कहकर पड़ोसनें,

बच्चे, भाई-बहन, माँ-बाप यदि बार-बार बच्चों को सिखाएँगे तो बच्चा कब तक नहीं सीखेगा? ऐसी बातें कुछ बच्चे तो थोड़े दिन बाद भूल जाते हैं और कुछ इन्हीं शरारतों को हृदयंगम कर लेते हैं। फिर वे बड़े होकर किसीको चिढ़ाने या किसीकी नकल उतारने में संकोच नहीं करते।

अर्थात् बच्चों को कभी भी गाली-गलौज, बिराना, चिढ़ाना आदि शरारतें नहीं सिखानी चाहिए। बच्चों को झूठ बोलना भी बड़े ही सिखाते हैं। वे दूरभाष पर बच्चों से, होते हुए भी अपने न होने की बात, कहलवा देते हैं। पैसे होते हुए भी 'मेरे पास कुछ नहीं है' कह देते हैं। बालक-बालिकाएँ सभी समझ जाते हैं। काम की बात हो तो झूठ बोलने में कोई हर्ज नहीं। खरीदी हुई वस्तु का दाम कुछ होता है तथा बताया कुछ जाता है। बालकों को इसमें झूठ जैसा पाप नहीं दिखाई देता। अपने से बड़े, अपने माँ-बाप जैसा करते हैं, भला उसमें क्या पाप होगा? इसी भाव को जानकर बालक धीरे-धीरे झूठ बोलना सीख जाते हैं। झूठ के प्रति घृणा, झूठ बोलने से भय बालकों के मन से निकल जाता है।

हाँ, तो हम चर्चा कर रहे थे कि बालकों को क्या सिखाएँ? बालकों को नैतिक मूल्यों से संबंधित बातें बताएँ। चुटकुले हों या कविता, कहानी हो या गीत, सभी का विषय किसी जानकारी से, किसी नैतिक मूल्य से, किसी अच्छी आदत से, किसी मानवीय गुण से संबंधित हो।

इसका अर्थ यह नहीं कि मनोरंजन का महत्त्व ही नहीं। मनोरंजन का भी अपना महत्त्व है। हास्य भी परमावश्यक तत्त्व है; परंतु यह हास्य किसीको कष्ट देकर न जनमा हो। इस हास्य का लक्ष्य किसीके मन को दुखानेवाला न हो। यह किसीकी धार्मिक श्रद्धा को ठेस पहुँचानेवाला न हो। बालकों को याद कराई जानेवाली कविताएँ निरर्थक भी नहीं होनी चाहिए। कई साहित्यकार निरर्थक तुकबाजी को ही बालोपयोगी साहित्य मान बैठे हैं। सच तो यह है कि जैसे ही बालक का बौद्धिक

स्तर बढ़ता है, वह कविता को निरर्थक प्रलाप ही मानने लगता है। उसका मानना स्वाभाविक भी है, क्योंकि उसने सार्थक कविता देखी ही नहीं। कविता के तथ्य और कथ्य का उसे ज्ञान ही नहीं होगा। अत: हमें चाहिए कि बाल-साहित्य में न कोरी कल्पना हो, न ही झूठ तूफान। नैतिकता से भरी सीधी-सरल कथाएँ, कविताएँ या संसार के व्यवहार तथा प्रकृति के विस्तार की जानकारी बढ़ानेवाले निबंध, नाटक आदि ही बाल-साहित्य में आने चाहिए। ऐतिहासिक घटनाओं तथा महापुरुषों के संस्मरणों, दंतकथाओं आदि पर आधारित साहित्य बालकों को सुलभ कराया जाना चाहिए। कॉमिक्स के नाम पर समय बरबाद करनेवाले ऊटपटाँग किस्सों की जगह महापुरुषों के जीवन से संबंधित वास्तविक या उपयोगी गुणों के विकास की नींव रखने के लिए काल्पनिक पुट देकर मनोरंजकता का समावेश करते हुए रंगीन चित्रकथाएँ उपलब्ध कराई जानी चाहिए।

□

हम क्या बनेंगे?

हम क्या बनेंगे? यह प्रश्न बालकों के सामने बहुत महत्त्वपूर्ण है। माता-पिता और बालकों को इसपर विचार करना चाहिए। ऐसे विचार की शुरुआत माता-पिता ही करें तो अच्छा रहता है। वस्तुतः इसपर विचार किया ही नहीं जाता। यदि माता-पिता बालक के साथ मित्रवत् इसपर चर्चा करें, उनकी रुचि के अनुसार दिशा खोजने में उनकी सहायता करें तो जीवन की आधी समस्याएँ हल हो जाएँ।

रेलगाड़ी में बैठे किसी यात्री से यदि पूछा जाए कि 'आप कहाँ जा रहे हैं?' और वह उत्तर दे, 'जी, पता नहीं। देखता हूँ, जो स्टेशन अच्छा लगेगा वहीं उतर जाऊँगा।' तो क्या आप उस यात्री को बुद्धिमान समझेंगे? निश्चय ही आप सोचेंगे, यह बिलकुल पागल है। है भी ठीक। जिसे मालूम ही नहीं कि उसे जाना कहाँ है, वह गाड़ी में बैठा ही क्यों?

ठीक यही दशा है आज के विद्यार्थियों की। अनेक से पूछोगे तो दस प्रतिशत ही ऐसे होंगे जिनके सामने कोई लक्ष्य होगा। अनेक तो ऐसे उत्तर देंगे जिसे सुनकर आप हैरान हो जाएँगे।

एक बार नौवीं कक्षा के एक छात्र से मैंने पूछा, "अरे ओमपाल, क्या बनोगे पढ़-लिखकर?" वह चुप रहा। मैंने प्रश्न फिर दोहराया, "भाई, आप पढ़-लिखकर क्या बनना चाहते हो? इतनी सारी मेहनत आखिर किसलिए?"

ओमपाल तब तक सोच चुका था, "मैं तो सिपाही बनूँगा।"

मुझे उत्तर सुनकर भारी आश्चर्य हुआ। मैं बोला, ''सिपाही! सिपाही बनना तुम्हारा उद्देश्य है? भला सिपाही बनकर क्या करोगे?''

उसका उत्तर सुनकर मेरा आश्चर्य और बढ़ गया। वह बोला, ''सिपाही बनने में बड़ा फायदा है जी। डंडा लेकर घूमते रहो। किसी रिक्शेवाले को डंडे मारो और पैसे ले लो। किसी फलवाले को डंडा दिखाया तो पैसे ले लिये।''

बालक के मन में पुलिस के कर्तव्य की कोई भावना नहीं थी, केवल अधिकार की भावना थी। वास्तव में उससे ऐसा प्रश्न कभी किसीने किया ही नहीं था। अचानक किए गए प्रश्न के उत्तर में उसकी दृष्टि यहीं तक जा सकी।

एक बार एक दसवीं कक्षा के सब छात्रों से मैंने यही प्रश्न अलग-अलग पूछा। सबके उत्तर अलग-अलग दृष्टिकोण पर आधारित थे। अधिकतर ने बताया कि हमने इससे पहले कभी ऐसा विचार किया ही नहीं था। अब इस दिशा में विचारेंगे। एक विद्यार्थी का उत्तर था, 'अभी हम कैसे बताएँ कि क्या बनेंगे? पता नहीं जीवन में क्या परिस्थितियाँ हों। हम यदि आज सोच लें कि हम डॉक्टर बनेंगे और न बन पाए तो व्यर्थ में दुःख होगा। अतः जैसा होगा वैसा देखा जाएगा।' संभवतः उसकी बात ज्यादा सही हो। फिर भी उद्देश्य तो निश्चित होना ही चाहिए।

माता-पिता को बालकों से बातचीत करके उन्हें यह विचार करने का अवसर देना चाहिए। बालकों के समक्ष यह विस्तार से जानकारी प्रस्तुत करनी चाहिए कि कितने परिश्रम, समय और धन से किस लक्ष्य तक पहुँचा जा सकता है। एक बात और ध्यान रखनी आवश्यक है कि परिवार की आर्थिक स्थिति, पारिवारिक मनःस्थिति, बालक की क्षमता आदि को भली प्रकार समझकर ही उद्देश्य निश्चित करना चाहिए। मनचाहा कभी नहीं मिलता। अतः विकल्प भी अवश्य विचार लेना चाहिए। मान लीजिए, बालक को डॉक्टर बनने का विचार दिया गया।

डॉक्टर न हो पाए तो डॉक्टरी से मिलते-जुलते पैथोलॉजिस्ट (खून, पेशाब आदि जाँच करनेवाले), फिजियोथ्रोपिस्ट (हड्डी या पुट्ठों आदि को ठीक करके अभ्यास करवानेवाले), एक्स-रे टेक्नीशियन (एक्स-रे मशीन संचालित करनेवाले) आदि बन सकते हैं।

यदि कोई बालक वायुयान चालक बनना चाहता है और अनेक बाधाओं के रहते वह अपने लक्ष्य तक नहीं पहुँच पाता तो वह वायुयान टेक्नीशियन बन सकता है। प्राध्यापक बनने का लक्ष्य लेकर चलनेवाला अध्यापक बनकर भी संतुष्ट हो सकता है।

फिर भी उद्देश्य का सुझाव रुचि, स्वभाव, शक्ति, योग्यता एवं आर्थिक परिस्थिति के अनुसार ही दिया जाना चाहिए। एक श्रीमानजी ने स्वयं ही तय कर लिया कि मैं अपने बेटे को डॉक्टर बनाऊँगा। वह प्रवेश परीक्षा में तीन बार बैठा, परंतु प्रवेश नहीं पा सका। वस्तुत: उसकी बौद्धिक योग्यता उस स्तर की नहीं थी। वह बालक प्रात: आठ-नौ बजे तक सोकर उठता था। कहता था कि रात को देर तक (एक बजे तक) जागकर पढ़ता हूँ। पढ़ता भी होगा, परंतु प्रवेश परीक्षा ही उत्तीर्ण नहीं कर सका। फिर उसके पिता ने दान के आधार पर कर्नाटक के किसी कॉलेज में उसे बी.फार्मा. में प्रवेश दिला दिया। एम.बी.बी.एस. के लिए दान देना उनकी शक्ति के बाहर था। बी.फार्मा. में प्रवेश तो मिल गया, परंतु वहाँ रहने का, खाने का तथा पढ़ाई का व्यय भी बहुत होता है। तीन वर्ष का कोर्स था। जैसे-तैसे एक वर्ष खींचते-खींचते पिता तंग हो गए। पुत्र को तो उस कोर्स में न निष्ठा थी, न चाह, अत: एक साल समय और धन गँवाकर दिल्ली लौट आया। फिर वही टाइप सीख करके एक कचहरी के बाहर बैठकर किसी वकील के पास टाइप कर रहा है।

एक श्रीमानजा के तीन बेटे हैं। उन्होंने बड़े बेटे को आई.ए.एस. अधिकारी बनाने का उद्देश्य स्वयं ही तय कर लिया। उसकी क्षमता और स्मरण शक्ति को पहले परखा नहीं। बी.एस-सी. में उसके अंक परीक्षा में बैठने योग्य नहीं आए। अंक इस लायक भी नहीं थे कि

एम.एस-सी. में भी प्रवेश मिल सके। साधारण नौकरियों में भी कहीं नंबर नहीं आया। पिताजी ने कहना शुरू कर दिया, 'नौकरी हम करवाना ही नहीं चाहते। नौकरी में गुजारा ही नहीं हो सकता। व्यापार करेंगे।' दुकान भी ले ली। परंतु व्यापार में भी कई चीजें आवश्यक हैं। न तो उनके पास दुकान में लगाने को पर्याप्त धन था और न ही थोड़े धन से अधिक बनानेवाली चतुराई; न स्वभाव, न पृष्ठभूमि। काम में सफलता नहीं मिली। लड़का जीवन से निराश, चिड़चिड़ा और गुस्सैल बन गया। घर के अन्य सदस्य, छोटे भाई-बहन भी उसे हीन भाव से देखने लगे। वह सफल जो नहीं था। यद्यपि उसके लिए उद्देश्य निर्धारण में तथा असफल होने में पूरे घर का हाथ था। पिता का अधिक; क्योंकि पहले तो उन्होंने शक्ति से अधिक ऊँचा लक्ष्य तय कर दिया, फिर बालक को अनुकूल सुविधाएँ और परिस्थिति उपलब्ध नहीं कराई।

दूसरे लड़के ने अपना मार्ग स्वयं निश्चित कर लिया और वह कंप्यूटर इंजीनियर बन गया। अब तीसरे को आई.ए.एस. बनाने की कोशिश में लगे हैं। वह भी घर के तनावपूर्ण वातावरण से प्रभावित है। अन्य नौकरी वे करने नहीं देते। अभिप्राय यह है कि माता-पिता, शिक्षक, सलाहकार या मित्र सभी को घर की समस्त परिस्थितियों, अनुकूलताओं तथा प्रतिकूलताओं का ध्यान रखकर कोई लक्ष्य निर्धारित करना चाहिए। बालक का स्वभाव, रुचि और समझने-याद करने की क्षमता का विशेष अवलोकन कर लेना आवश्यक है। तदनुसार किसीको मिस्त्री, मैकेनिक, खिलाड़ी या किसान कुछ भी उद्देश्य दिया जा सकता है। संसार में सभी डॉक्टर, इंजीनियर या वैज्ञानिक नहीं बनाए जा सकते; न सभी बड़े कवि, कहानीकार या चित्रकार ही बन सकते हैं।

फिर भी, एक बात ध्यान रहे कि उद्देश्य रखकर तदनुसार परिश्रम करें तो सफलता मिल जाती है। उसकी प्राप्ति में घर-परिवार और मित्रों का सहयोग अहम भूमिका निभाता है। यह बात बालक को प्रारंभ से ही सिखाई जानी आवश्यक है कि यह योजना है। हमें कर्म करना है। फल

ईश्वर के हाथ में है। यदि हम लक्ष्य के अनुसार सफल नहीं हो सके, तो भी जो कार्य या स्थान पाएँगे उसे अपनी पूर्ण क्षमता, शक्ति एवं ईमानदारी से निभाएँगे। जो मिला है उसे परम पिता परमात्मा का प्रसाद मानकर खुशी-खुशी ग्रहण करेंगे और जीवन में कभी निराश नहीं होंगे।

आशा है, यह बात बालक और उनके अभिभावक समझ गए होंगे। अल्हड़ बीकानेरी की ये पंक्तियाँ बड़ी सार्थक लगती हैं—

'होते ही वही मर्द, जो हर हाल में खुश हैं।
रोगी भले बन जाएँ, वे अस्पताल में खुश हैं।
रोटी मिले या ना मिले, उनको नहीं परवाह—
हैं अपने घर भी मस्त, वे ससुराल में खुश हैं।।

आनंद परमात्मा का स्वरूप है। आनंद आत्मा का स्वभाव है। अभावों में भी प्रसन्न रहने का स्वभाव, निराशा में भी आशावादी बने रहने की विद्या बड़े अनुभवों के पश्चात् आती है; परंतु यदि माता-पिता बच्चों में ऐसा स्वभाव विकसित कर दें तो वह बालक या बालिका कभी पराजित नहीं होता। हर हाल में खुश रहना ही विजय है। यही आपको प्राप्त करनी है।

कहा गया है, 'उद्योगिनं पुरुषसिंहमुपैति लक्ष्मी:'—परिश्रमी पुरुष रूपी सिंह को लक्ष्मी स्वयं खोज लेती है, उसका वरण करती है।

□

बालकों को सिखाने योग्य कुछ बातें

सचमुच विद्यालय जाने से पूर्व ही बालक बहुत कुछ सीख लेता है। जैसे युद्ध की जीत या हार उससे पूर्व की गई तैयारी पर निर्भर होती है। यदि व्यक्ति तन से, मन से तथा अस्त्र-शस्त्रों से पहले ही तैयार होता है तो युद्ध में जीतना उसे कठिन नहीं लगता; जबकि अच्छे, आधुनिक तथा स्वचालित शस्त्रों के रहते हुए भी मन की तैयारी के अभाव में युद्ध में विजय प्राप्त कर पाना असंभव है। बच्चों के स्वभाव की नींव छह वर्ष की आयु से पूर्व ही पड़ जाती है। बाद में तो उसे केवल समझा जा सकता है, समझकर चमकाया जा सकता है। अतः विद्यालय भेजने से पूर्व बालकों की शिक्षा की तैयारी माता-पिता को ही करवानी चाहिए। माता-पिता बच्चों को सभी बातें सरलता से सिखा सकते हैं; क्योंकि माता-पिता के प्रति बालक स्वाभाविक प्रेम रखते हैं। यदि माता-पिता अपनी संतान को सुखी, सफल तथा सद्‌गुणी देखना चाहते हैं तो उन्हें सिखाएँ—

१. अपने से बड़ों का आदर करना,

२. बड़ों की आज्ञा पालन करना,

३. आलस्य कभी न करना,

४. सदा परिश्रम करना,

५. दूसरों के एहसानों को मन से मानना।

एक सूक्ति में कहा गया है—

'अभिवादनशीलस्य नित्यं वृद्धोपसेविनः।
चत्वारितस्य वर्धन्ते आयुर्विद्या यशोबलम्।।'

—अर्थात् बुजुर्गों की सेवा करनेवालों तथा बड़ों को प्रणाम करनेवालों की आयु, विद्या, यश और शक्ति की वृद्धि होती है।

आइए, हम संक्षेप में कुछ ऐसी बातों पर विचार कर लें जिनको माता-पिता अपने बच्चों को प्रारंभ में ही सिखा दें तो वे जीवन में सफल हो सकते हैं। उनका जीवन सुखी हो सकता है।

१. कम बोलें, अधिक सुनें—भगवान् ने हमको एक मुख दिया है तथा दो कान दिए हैं। इसका अभिप्राय यह है कि भगवान् कहता है, जितना बोलते हो उससे दुगुना सुनो, या जितना सुनते हो उससे आधा ही बोलो। जिन बच्चों को माता-पिता अधिक सुनने की तथा कम बोलने की आदत डाल देते हैं वे अपने बालक-बालिकाओं को जीवन के स्वर्ण पथ पर चलना सिखा देते हैं। सुनने से ज्ञान बढ़ता है। जो अधिक सुनेगा वह अनायास ही दूसरों के अनुभवों से सीख लेता है। उनके अनुभवों का लाभ प्राप्त कर लेता है। इस प्रकार स्वयं प्रयोग करने की विपत्ति और समय से बच जाता है। ज्ञानी के लिए एक शब्द आता है 'बहुश्रुत', जिसका स्पष्ट भाव है कि बहुत से विद्वानों की बात सुनने से जिन्हें ज्ञान हो गया है। सत्संग से मुक्ति का मार्ग भी इसीलिए खुलता है क्योंकि वहाँ ज्ञानी, महात्मा एवं महापुरुषों की अनुभवपूर्ण बातें सुनने को मिलती हैं।

आजकल बालकों और युवक-युवतियों में सबसे अधिक कमी यही है कि वे किसीकी बात धैर्य से सुनना नहीं चाहते। हर बात का फैसला जल्दबाजी में करना चाहते हैं। यदि बालकों को सब बातें ध्यान से सुनने की आदत हो जाए तो अनेक समस्याओं का स्वयं ही समाधान हो जाएगा। पूरी बात सुनना, धैर्यपूर्वक सुनना बहुत ही अच्छी आदत है। मुझे तो मेरे परिवार के लोग यह कहते हैं, 'एक घंटे तो यह पेड़ों की भी बात सुनता रहेगा।'

बड़े-बूढ़ों की व्यथा भरी कथा सुनने में तो मुझे बड़ा ही आनंद आता है। उनकी तो संतुष्टि होती ही है, मेरा भी अनुभव और ज्ञान बढ़ता है। अनेक सभा-समितियों की कार्यकारिणी में गत चालीस वर्षों से कार्य करता आया हूँ। मेरा स्वभाव है कि न तो कभी किसीको बोलते में टोकता हूँ, न किसी असहनीय बात पर भी उत्तेजित होता हूँ। अपनी विचारधारा की अथवा अपने विरोध की बात सुनकर भी शांत रहता हूँ, जब तक प्रत्यक्ष मुझसे बोलने को न कहा जाए, या मुझसे ही कोई बात पूछी न जाए। यह भी सत्य है कि जब मैं बोलता हूँ तो सुननेवाले स्वयं चुप होकर मेरी बात ध्यान से सुनते हैं। अधिक देर तक बोलना मेरा स्वभाव नहीं। भाषण हो तो जो दिया गया समय है, मैं उससे कभी एक मिनट भी फालतू नहीं लेता। प्रत्येक माता-पिता को चाहिए कि अपने बच्चों को धैर्यपूर्वक दूसरों की बात ध्यान से सुनने की तथा कम-से-कम शब्दों में काम की बात कहने की आदत डालें। इसका जीवन में बहुत लाभ होगा। यह प्रत्यक्ष अनुभव की हुई बात है।

हाँ, यह बात हम अपने पड़ोसी द्वीप 'बाली' से भी सीख सकते हैं। यद्यपि बाली में भी भारतीय संस्कृति ही थी। बाली रामायण का एक पात्र है। स्पष्ट है कि यहीं के लोगों ने जाकर उस द्वीप को आबाद किया होगा। बाली में सभी प्रत्येक वस्तु को दाएँ हाथ से ही उठाते हैं। यदि कोई माँ अपने बच्चे को लेकर दुकान पर जाए और दुकानदार कोई वस्तु दे तो बच्चा स्वभावतः दायाँ हाथ ही बढ़ाएगा। यदि वह बायाँ हाथ बढ़ा भी दे तो माँ चुपके से उसके बाएँ हाथ को पीछे हटाकर दाएँ हाथ को ही आगे कर देती है।

बड़ी प्रशंसनीय बात यह है कि वहाँ किसी भी कार्य के लिए मना करने का रिवाज नहीं है। कोई यह नहीं कहता कि यह कार्य मत करो, वह कार्य मत करो। वहाँ बताते हैं कि 'ऐसा करो, वैसा करो', यह उत्तम विधि है। नकारात्मक तरीकों से बालक उन बातों के प्रति अधिक आकर्षित हो जाते हैं जिनका निषेध किया जाता है। अतः क्या करना चाहिए, वहाँ

इसपर बल दिया जाता है। यह नहीं कहा जाता कि 'झूठ मत बोलो' बल्कि कहते हैं—'सत्य बोलो'।

बाली के घर-परिवारों में तनाव नहीं है। वहाँ माता-पिता और संतान कोई बेचैन नहीं है। क्रोध दिखाई नहीं पड़ता। धैर्य बहुत है। सब शांति से पूरी बात सुनकर ही कोई विचार व्यक्त करते हैं। वाद-विवाद में कोई नहीं पड़ता। बालक को क्रोध आने पर माता-पिता स्वयं शांत रहते हैं। घर का कोई अन्य सदस्य बालक को वहाँ से ले जाता है। क्रोध और विवाद को प्रत्यक्ष प्रकट करने का कोई अवसर नहीं दिया जाता। आइए, हम भी उनसे सीखें और अपने समाज को तनावमुक्त करें।

२. **अपने हाथ जगन्नाथ**—यह एक कहावत है। जिसका भाव है कि अपने हाथ से कार्य करने से सफलता अवश्य मिलती है; क्योंकि अपना हाथ परमात्मा के हाथ की तरह विश्वसनीय है। यदि माता-पिता संतान को अपना काम अपने हाथ से करना सिखाएँ तो उसका देश को बड़ा लाभ होगा।

अपना काम अपने हाथ से करनेवाले व्यक्ति की आवश्यकताएँ कम हो जाएँगी। वह दूसरों के सहारे पर नहीं रहेगा। जीवन में उसे उतना ही कम कष्ट होगा। हाथ से कुछ करके दिखा देनेवाले व्यक्ति की छवि औरों की निगाह में निखर जाती है। कुछ बहुत अमीर घरानों को छोड़कर सभी जगह अपने हाथ से कार्य करनेवाले लोगों का सम्मान किया जाता है। वैसे भी स्वयं अपने हाथ-पाँव से कार्य करने से शरीर की क्षमता बढ़ती है, आत्मविश्वास बना रहता है। अपनी इंद्रियों पर नियंत्रण बढ़ता है। शारीरिक क्षमता बढ़ती है। व्यस्त रहने पर व्यक्ति अनेक रोगों और मनोविकारों से बच जाता है। खाली दिमाग को शैतान का घर बताया जाता है। अत: व्यस्त रहना स्वस्थ रहने की कुंजी है।

मेरे एक संबंधी हैं, जिनकी पत्नी परिस्थितिवश चलने-फिरने के लायक नहीं रहीं। उनका बड़ा पुत्र बिट्टू सब काम अपने हाथ से करता रहा। यहाँ तक कि छोटे भाई-बहनों को नहलाने-धुलाने का काम भी

उसने किया। घर एवं रसोई का तो कोई काम बिट्टू से छूटा ही नहीं। वह आम घरों की महिलाओं से बढ़िया खाना बना लेता है। स्वास्थ्य भी ठीक है। स्वभाव भी उत्तम है। भाई-बहनों पर भी उसका प्रभाव पड़ा है। वे भी अब सब काम सीख गए हैं। यह बताने की आवश्यकता नहीं कि गांधीजी ने भी हाथ से काम करने पर बहुत बल दिया है। नित्य समय निकालकर चरखा कातने पर उन्होंने इसीलिए इतना बल दिया था। इससे मन भी संस्कारित होता है और शरीर भी स्वस्थ रहता है।

३. अपनी स्पष्ट राय—आप चाहे प्रकट करें या न करें, प्रत्येक विषय पर एक स्पष्ट विचार या मत प्रकट करना एक अच्छी आदत है। यदि बालक हर बात को सोचेगा-समझेगा और तौलेगा तो उसे अच्छे-बुरे का ज्ञान होगा। उसे अपनी समझ और शक्ति का विश्वास होगा। वह अपनी राय कायम करेगा तो निश्चय ही वह अनेक समस्याओं से बच जाएगा। कई बार व्यक्ति शंका में फँसा रहता है। मध्य मार्ग खोजने के चक्कर में स्वयं भ्रम और भय में फँस जाता है। यदि बचपन से ही माता-पिता संतान को एक आदत डाल दें और वह अच्छे-बुरे के विषय में एक स्पष्ट राय बना ले तो जीवन में वह अनेक दोराहों और चौराहों पर विश्वासपूर्वक मार्ग अपना सकता है।

कई बार माता-पिता स्वयं भ्रम में होते हैं। वे स्पष्ट राय कायम नहीं कर पाते। रीति-रिवाजों में फँसकर भी बालक दुविधा में पड़ जाते हैं। उस परिस्थिति में विवेक से काम लिया जाना चाहिए। विवेक ही निर्णायक है। रीति-रिवाज, पोशाक, धर्म, संप्रदाय आदि को लेकर कोई वाद-विवाद न हो। हो तो उसमें से निर्णायक मार्ग निश्चित करने की आदत होनी चाहिए। धनंजय शरीर से कमजोर है, परंतु प्रत्येक विषय पर चिंतन करके उसके विषय में एक स्पष्ट राय कायम करने की उसकी आदत बन गई है। जिन विषयों पर स्पष्ट राय कायम करने की आवश्यकता है, मैं अनेक बार धनंजय की राय जानकर अपनी राय तय करने में नहीं हिचकिचाता। कभी हमारी राय परस्पर भिन्न हो तो मैं उसकी राय को

प्राथमिकता देता हूँ। यह आदत यदि बचपन में ही हो जाए और बालक हर विषय पर उचित-अनुचित विचार कर अपनी राय कायम कर ले तो माता-पिता की भविष्य की चिंताएँ समाप्त ही हो जाती हैं।

४. नाम न धरें—स्पष्ट राय बनाना एक अलग बात है और किसीके बारे में बुद्धू, कामचोर, लापरवाह या धोखेबाज आदि नाम धरना बिलकुल अलग बात है। कम-से-कम बालकों के बारे में माता-पिता को तो ऐसा कुछ कहना ही नहीं चाहिए। इसका प्रभाव जीवन को बिगाड़ने की दिशा में पड़ता है। ऐसे विशेषण कोई सोचे-समझे या परीक्षण करके नहीं दिए जाते, अपितु यों ही अपनी अज्ञानता के कारण रख दिए जाते हैं। आइंस्टाइन (प्रसिद्ध वैज्ञानिक) और वाल्ट विटमैन (अमेरिकन कवि) को बचपन में मंद बुद्धि विशेषण दिया गया, जो विशेषण तय करनेवाले की अपनी मंद बुद्धि का द्योतक है। प्रसिद्ध वैज्ञानिक एडीसन तथा गणितज्ञ एल्डर को कक्षा में सबसे पिछड़ा हुआ समझा जाता था। एक्स-रे के आविष्कारक रेंजन को यह समझकर कक्षा से निकाल दिया गया था कि यह पास हो ही नहीं सकता। अतः गुणों को परखे बिना किसी बालक को न कोई नाम दें, न ही निरुत्साहित करें। समय आने पर बालक अपनी सफलता के झंडे गाड़ सकते हैं।